Vincent Skinner

Komm Heiliger Geist
Lebe mit großer Sehnsucht nach Gott

Berühre die Welt
mit der Kraft des Evangeliums

Bibliografische Information der Deutschen Nationalbibliothek:
Die Deutsche Nationalbibliothek verzeichnet diese Publikation in der Deutschen Nationalbibliografie; detaillierte bibliografische Daten sind im Internet über http://dnb.dnb.de abrufbar

Titel der amerikanischen Originalausgabe: Come Holy Spirit
Copyright © 2005 by Vincent Skinner

Übersetzung aus dem Englischen:
Brigitte Wala, Jesus Gemeinde Bamberg e.V., Germany

Copyright © der deutschen Ausgabe: Vincent Skinner, 2007

Herausgeber: Jesus Gemeinde Bamberg e.V., Germany
www.jesus-gemeinde.de

Herstellung und Verlag:
BoD - Books on Demand, Norderstedt

ISBN: **9783743174559**

Jesaja 6, 1 - 8 (Elberfelder)

Im Todesjahr des Königs Usija,
da sah ich den Herrn sitzen auf hohem und erhabenem Thron
und die Säume seines Gewandes füllten den Tempel.
Serafim standen über ihm. Jeder von ihnen hatte sechs Flügel:
mit zweien bedeckte er sein Gesicht,
mit zweien bedeckte er seine Füße,
und mit zweien flog er.
Und einer rief dem anderen zu und sprach:
Heilig, heilig, heilig ist der Herr der Heerscharen!
Die ganze Erde ist erfüllt mit seiner Herrlichkeit!
Da erbebten die Türpfosten in den Schwellen von der Stimme
des Rufenden, und das Haus wurde mit Rauch erfüllt.
Da sprach ich: Wehe mir, denn ich bin verloren.
Denn ein Mann mit unreinen Lippen bin ich,
und mitten in einem Volk mit unreinen Lippen wohne ich.
Denn meine Augen haben den König,
den Herrn der Heerscharen gesehen.
Da flog einer der Serafim zu mir; und in seiner Hand war
eine glühende Kohle,
die er mit einer Zange vom Altar genommen hatte.
Und er berührte damit meinen Mund und sprach:
Siehe, dies hat deine Lippen berührt;
so ist deine Schuld gewichen
und deine Sünde gesühnt.
Und ich hörte die Stimme des Herrn, der sprach:
Wen soll ich senden, und wer wird für uns gehen?
Da sprach ich: Hier bin ich: Hier bin ich, sende mich!

Inhaltsverzeichnis

Widmung
Vorwort des Autors
Vorwort des Herausgebers
Manifestationen im Dienst
Wegbegleitung

1. **Jetzt! Glaube ist da**   15
   - Glaube in Aktion   17
   - Der Gott des Jetzt   19
2. **Geistlicher Hunger & Durst**   21
   - Bist du hungrig nach dem lebendigen Gott?   22
   - Geistlicher Durst   27
   - Lechzen nach dem lebendigen Gott   30
   - Verzweifelte Menschen tun verzweifelte Dinge   32
   - Wer hat mich berührt?   33
3. **Leidenschaft für Gott**   35
   - Mit ganzem Herzen   35
   - Klopfe einfach weiter an   37
   - Die Gewalttätigen reißen das Königreich an sich   40
   - Das Suchen von Gottes Angesicht   42
4. **Das geisterfüllte Leben**   45
   - Das Werk des Heiligen Geistes   45
   - Von Herrlichkeit zu Herrlichkeit   48
   - Ein tieferer Wandel   50
   - Barmherzigkeit setzt Kraft frei   53
   - Bete im Geist   56
   - Heile die Kranken   58
   - Herrschaft über Dämonen   60
   - Predigen mit Vollmacht   63
   - Verändert durch Seine Gegenwart   66
   - Hindernisse zu Seiner Gegenwart   68
   - Wahre Anbetung   74
   - Ein gebendes Herz   75

5. **Zuteilung** — 77
   - Die Taufe des Heiligen Geistes — 77
   - Das Auflegen der Hände — 79
   - Einen Segen übermitteln — 81
   - Salbung und Einsetzung in einen Dienst — 83
   - Fache die Gabe an — 84
   - Der Berührungspunkt — 85
   - Über sein Wort nachdenken — 89
   - Das gesprochene Wort — 90
   - Seine manifeste Gegenwart — 92
   - Eine persönliche Erfahrung — 96
6. **Die Herrlichkeit Gottes** — 100
   - Herrlichkeit in Costa Rica — 100
   - Manifestationen des Heiligen Geistes — 100
   - Das Außergewöhnliche — 111
   - Der Feind der Erweckung — 114
7. **Schlüssel zur Salbung** — 117
   - Die Beziehung mit Gott — 117
   - Hingabe & Prüfung — 118
   - Gesalbt mit Bestimmung — 123
8. **Der Ruf zu „GEHEN"** — 127
   - Der Ruf der Ernte — 127
   - Der Auftrag — 128
   - Was sagst du, wer ich bin? — 131
   - Die Vision des Königreiches — 133
   - Die Kraft der Einfachheit — 136
   - Öffne die Tür — 140
   - Unsere Werkzeuge & Talente — 141
   - Zeit, Energie & Geld — 143
   - Das Prinzip der Saatzeit & der Ernte — 144
   - Die Einheit des Geistes — 149
   - Hindernisse zur Einheit — 154
   - Die Gegenwart Gottes – Das Öl der Einheit — 155
   - Mähdrescher — 160
9. **Von der Herrlichkeit zur Ernte** — 164
10. **Ein persönliches Zeugnis** — 171

Widmung

Meinem Herrn Jesus Christus
Danke, daß Du mir eine Vision und Bestimmung
für mein Leben gegeben hast.

Meiner wunderbaren Frau Lisa,
für all ihre Unterstützung und Ermutigung
während dieser Pilgerreise auf Erden.

Meinen kostbaren Kindern,
Micheal, Joshua und Benjamin,
dafür, daß Ihr mir helft Spaß zu haben und
das Leben in vollen Zügen zu schätzen und zu genießen.

Danke für Euer Opfer und Eure Liebe,
während Ihr am Dienst an den Nationen teilhabt.
Und obwohl ich „gehen" muß,
sind wir ein Team und wir tun das Werk zusammen!

Meiner Familie und meinen Freunden auf der ganzen Welt:
Danke für Eure Herzensgüte und Unterstützung!
Danke Papa und Mama!
Wir lieben euch!

Vorwort des Autors

Es ist meine Hoffnung, daß dein Hunger nach Gott angefacht wird durch die Seiten dieses Buches und daß du dich entscheidest Ihm nachzujagen, egal was es kostet. Eines das ich über die Jahre hinweg gelernt habe, ist, daß wir unsere Beziehung mit Gott pflegen müssen. Aus der Beziehung mit Ihm heraus werden wir herausfinden, wer wir in Ihm sind.

Wir müssen in Ihm gefunden werden und alles muß aus der Gemeinschaft mit Ihm heraus fließen, sonst wird alles, was wir auf dieser Erde tun, keinen Wert haben, wenn wir eines Tages vor Ihm stehen, um Rechenschaft von unseren Leben abzulegen. Wir mögen Kranke geheilt haben, übernatürliche Ereignisse, Zeichen und Wunder gewirkt haben oder sogar Tote auferweckt haben, doch wird Gott dann, wenn wir vor dem Heiligen Thron stehen, zu uns sagen: „Komm mal ein wenig näher zu mir ...Ich will sehen wie viel von meinem Sohn ich in dir finden kann..."

Mein Freund, es geht nicht darum was du für Gott tun kannst. Es geht darum, wer du in Ihm bist. Gott sucht nach denen, die ein zerbrochenes und reumütiges Herz haben. Er sucht nach „lebendigen Opfern", die alles für Ihn am Fuße Seines Thrones niederlegen und sagen: „Nicht mein Wille, sondern Dein Wille geschehe, o Gott." Er sucht nicht nach Superstars, die nur für sich selbst hell erstrahlen und dann ausbrennen. Er sucht nach solchen die, wie Johannes der Täufer, als er auf das Lamm Gottes hinwies, erklären werden: *„Ich muß abnehmen, damit Du zunehmen kannst."*

Wir müssen sein Angesicht suchen und von Ihm verändert werden. An diesem Ort des Verweilens vor dem Thron Gottes ist es, an dem du Seine Bestimmung für dich entdecken wirst. Du wirst auch herausfinden, daß die hohe Berufung Gottes in Christus Jesus ist, Ihn anzubeten.

Ich werde mit einer meiner Lieblingsschriftstellen schließen: *„Denn wir sind die Beschneidung, die wir Gott im Geist anbeten, uns an Christus Jesus erfreuen und nicht auf das Fleisch vertrauen.* (Philipper 3,3 – wörtlich übersetzt aus dem Englischen)

Laßt uns sein wie Paulus, der weder Ruhm, Glück, noch Wertschätzung von Menschen als wertvoller betrachtete, als den Preis der hohen Berufung Gottes in Christus Jesus nachzujagen, welcher ist Ihn zu kennen und Ihm ähnlicher zu werden.

Für die Ernte
Vincent Skinner

Vorwort des englischen Herausgebers

Ich möchte Gott rühmen und ihm Ehre geben für all das, was Er ist und für alles das Er in den Nationen tut. Es war eine wunderbare und schwierige Erfahrung nun schon 15 Jahre mit einem reisenden Evangelisten verheiratet zu sein! Ich liebe diesen Mann über alles und bewundere seine Beziehung mit Gott. Ob Vincent nun hier oder fort ist, so sind wir und unsere 3 Jungs – Micheal, Joshua und Benjamin – ein Team und unterstützen unser Team-Mitglied, den Gott gesandt hat um: *„In alle Welt zu gehen und das Evangelium zu predigen!"* Wir lieben es ihn gehen und die Gute Nachricht zu den Nationen tragen zu sehen: Erweckung, Hoffnung und eine wiederhergestellte Vision vieler Pastoren und Gemeinden, sowie auch Errettung, Heilung und Befreiung der Verlorenen. Wir danken Gott, daß er zu uns zurückkehrt und seine großen Taten mitteilt. Sein brennendes Herz für Seelen ist unser brennendes Herz.

Möge dein Hunger und dein Durst, nach mehr von Gott und der Gemeinschaft mit Seinem Heiligen Geist, entzündet und angefacht werden, während du die Seiten dieses Buches liest. Wir beten, daß es dir helfen wird deine tägliche Reise mit Ihm zu kultivieren und daß es ein Verlangen in dir hervorruft Ihn zu kennen und Ihm zu dienen mit mehr Liebe und Leidenschaft als jemals zuvor. Wie Smith Wigglesworth einst sagte: *„Ich bin zufrieden damit unzufrieden zu sein!"*

Pflege den Garten deines Herzens sorgfältig – vergebe und gebe Sünden und Lasten an Ihn zu jederzeit ab – so daß das Blut Jesu dich reinigen und freisetzen kann. Er ist deine Zuflucht und ständig gegenwärtige Hilfe in schwierigen Zeiten. Er ist immer bei dir – sogar bis ans Ende der Zeit! Er formt dich für eine ewige Absicht. Diese irdische Pilgerreise ist die Vorbereitung für deine ewige Bestimmung!

Möge Gott dich reichlich segnen und dich in Seinem Heiligen Feuer und Seiner Liebe taufen, damit du ein brennendes Herz der Leidenschaft für Ihn und für die verlorenen Seelen hast. Möge er dich auch taufen mit immer zunehmender Kraft und Herrlichkeit. Renne zum Thron, Er erwartet dich dort.

Für Seine Herrlichkeit
Lisa Skinner

Manifestationen im Dienst

Ich erinnere mich an einen Tag. Das ist schon ein paar Jahre her. Alle unterhielten sich gerade rund um unsere Wohnstätten hier auf dem Missionsgrundstück. (Es liegt etwas außerhalb von Belo Horizonte in den Bergen von Brasilien) Sie sagten alle: „Alles was er sagte war, 'Jesus' und die Herrlichkeit des Herrn hat den Ort erfüllt." Ich fragte sie: „Über wen redet ihr?" Sie antworteten: „Vincent, Vincent Skinner." Aus meiner Neugierde heraus lud ich Vincent zu uns nach Hause ein. Vincent, Lisa und ihre Söhne gehören seitdem zu unseren guten Freunden.

Ich bin mit Vincent und Lisa zu den Nationen gereist und habe mit ihnen gearbeitet. Ich kenne ihre Herzen und kann dir sagen, daß dies nicht nur ein Buch ist. Es ist eine Widerspiegelung des Dienstes von Jesus durch einen Mann, der als Schwerpunkt eine Leidenschaft hat, Verlorene zu gewinnen, durch die Manifestation der Gegenwart Gottes in Erweckungsgottesdiensten. Johannes sagte in seinem Evangelium: Es gibt aber auch viele andere Dinge, die Jesus getan hat; wenn diese alle einzeln niedergeschrieben würden, so würde, scheint mir, selbst die Welt die geschriebenen Bücher nicht fassen. Amen. (Johannes 21,25 Elberfelder) In einer Zeit, in der schon so viele Bücher geschrieben wurden über Methoden, Strategien und Bewegungen, gibt es nur einen effektiven Weg für Wachstum und Leben in der Gemeinde – das ist die Bewegung des Heiligen Geistes selbst. Die Worte auf den Seiten dieses Buches haben viel mit den „vielen anderen Dingen" zu tun, die Jesus immer noch durch diejenigen tut, die Ihm gehorchen. Jedoch ist diese Aufgabe noch nicht vollendet. Eines das uns so sehr zu Vincent hingezogen hat, war sein Verlangen zu sehen, daß die Herrlichkeit Gottes diejenigen berührt, die Ihn nicht kennen. Vincent zieht aus dieser Einsicht so reiche Erfahrungen, da er erlebt, wie Gott als Reaktion auf die Männer und Frauen, die nach Gott hungern und dürsten Seine Herrlichkeit offenbart.

Durch dieses ganze Buch hindurch wirst du die erfrischende Partnerschaft zwischen normalen Menschen und einem außergewöhnlichen Gott genießen und schätzen, der unaufhörlich die Priesterschaft der Gläubigen zu einem lebendigen Glauben wiederherstellt.

Wenn du mit Vincent zusammen bist merkst du schnell, daß Titel, Positionen, Regeln und Vorschriften des strukturierten Betriebes eines Dienstes nicht so wichtig sind, wie die Gegenwart Gottes. Das Protokoll ist nicht so bedeutend, wenn du in der manifesten Gegenwart Gottes bist und Beziehungen haben keine Priorität. Es geht nicht um uns, sondern es geht nur um Jesus! Doch je näher wir zu ihm gelangen, desto mehr sehen wir einen liebenden Vater-Gott und daß Er sich um uns kümmert.

Ich weiß, daß dieses Buch dich in deiner Beziehung mit IHM ermutigen wird. Es wird dir auch helfen die Balance zu halten bei der Erkenntnis, wie du das Werk tun musst, zu dem er dich berufen hat, ohne die Herrlichkeit, die Ihm gebührt zu schmälern. Er möchte, daß du Seine Herrlichkeit betrachtest, doch die Ehre gehört Ihm. „Wir haben aber diesen Schatz in irdenen Gefäßen, damit das Übermaß der Kraft von Gott sei und nicht aus uns." (2. Korinther 4,7 Elberfelder)

Komm Heiliger Geist und bringe wahre Erweckung in unsere Herzen und hilf uns sie zu leben. Verändere uns für immer, damit wir Dir ähnlicher werden!

In Ihm leben wir!
Thomas Sheldon Padley
President of the Alliance for Renewal Churches/Brazil

Medienrummel und Prahlerei haben für mich viel an Faszination verloren. Ich sehne mich nach einem glaubwürdigen Ausdruck von Christsein. Ich glaube die meisten von uns suchen nach aufrichtigen Leitern mit dienenden Herzen, die bleibende Beispiele für die Gemeinde sind. Vincent ist jemand, der so ist. Ich bewundere ihn für seinen aufrichtigen Lauf mit Gott. Er lebt, was er predigt und zeigt seinen Glauben durch Zeichen, die beständig seinem Dienst folgen. Seine bescheidene Art des Lebens und sein Vertrauen während er dient, hinterlassen den Eindruck des Geistes Jesu. Sein eindrucksvoller Dienst des Aufbrechens neuer Bereiche durch die Kraft Gottes erstreckt sich nun schon über eine Zeitspanne von einem Jahrzehnt.

Sein Buch wird denjenigen helfen, die ein Verlangen haben mehr von der Bewegung des Heiligen Geistes zu wissen. Es ist nicht reine Theorie, noch ist es von einem Soldaten der nie durch Prüfungen ging. Es ist das Angebot schwer erkämpfter Wahrheit, die Perlen eines Veteranen der an der vordersten Front im Dienst steht. Behandele es auch so und glaube, daß du deinen Weg verkürzt und erleichtert auffinden wirst, während du dem Dienst nachgehst, den Gott für dich hat. Innerhalb des Themenbereiches dieses Buches bezweifele ich, daß du jemanden finden wirst, der qualifizierter ist darüber zu sprechen, als Vincent.

Gregory Haswell
Northlands Church, Atlanta, Georgia, USA

Wegbegleitung

Als Gemeinde haben wir eine zunächst sehr normale Entwicklung durchlaufen, wie sie bei vielen Gemeinden festzustellen ist. Wir waren als charismatische Gemeinde zwar offen für den Heiligen Geist, aber keiner konnte uns so richtig zeigen, wie wir tiefer in den Heiligen Geist kommen könnten.
Durch verschiedene Ereignisse und Begegnungen mit Menschen im Ausland, bei denen wir eine wesentlich tiefere Dimension der Gegenwart Gottes feststellten, spürten wir, daß wir so wie bisher nicht weiterleben konnten. Der Hunger nach mehr von Gott war geweckt und damit begann das Abenteuer.
Wir stellten zunächst einmal alle Programme ein und legten sie Gott auf den Altar. Danach brachte Gott die Botschaft über Stolz, eigene Ehre, Demut und Buße über Wochen in die Gemeinde. Es offenbarten sich Herzenshaltungen, mit denen die „guten Gemeindeprogramme" gemacht worden waren. Es war eine Zeit der Buße und Neuentscheidungen. In dieser Zeit wurde unsere Gemeinde stark erschüttert, viele taten Buße, aber auch viele Leute verließen die Gemeinde. Der Rest der Gemeinde war jetzt aber zusammengeschweißt und hungrig nach Gott und seiner Gegenwart.
In dieser Zeit schickte Gott uns Vincent in die Gemeinde. Behutsam lehrte und führte er uns in die bislang unbekannten Tiefen des Heiligen Geistes. Er zeigte uns die Verlässlichkeit des Heiligen Geistes, aber auch seine Unberechenbarkeit und Manifestationen.
Die Gemeinde und ihr Leben hat sich seitdem dramatisch verändert. Heilungen und Befreiungen geschehen, der Lobpreis wurde in eine freie, prophetische Richtung katapultiert, der Geist Gottes kann frei wirken.
Und dennoch sind wir nicht satt, sondern wollen mehr von der Gegenwart Gottes.

Danke für die Wegbegleitung

Günther und Andra Kunstmann
Jesus Gemeinde Bamberg

Kapitel 1

JETZT! Glaube ist da!

Hebräer 11, 1 (Elberfelder)
Der Glaube aber ist eine Verwirklichung dessen,
was man hofft,
ein Überführtsein von Dingen, die man nicht sieht

Ich war schon unter gläubigen Geschwistern, die oft in Erinnerungen über die „Erweckungen der Vergangenheit" schwelgen, ebenso darüber wie „Gott sich bewegt hat" und auch über die Dinge die „damals" passiert sind. Und dann gibt es noch andere, die dazu tendieren in der Zukunft zu leben und über „die kommenden Erweckungen" sprechen. Sie hoffen und suchen danach in der Zeitform des Futurs. Und dann gibt es noch den Rest, der sich, vielleicht durch Enttäuschung und Entmutigung, dazu entschieden hat, diesbezüglich in den grauen Bereichen des Zweifels, Unglaubens und der Gleichgültigkeit zu bleiben.

Da *„Jesus Christus derselbe gestern, heute und in Ewigkeit ist"* (Hebräer 13,8 Elberfelder), ist die Berührung Gottes für uns sogar jetzt verfügbar, so wie sie es auch schon für die Jünger der ersten Gemeinde war. Ich glaube, daß Gott Zeiten des Ausgießens und der Heimsuchungen Seines Geistes hat, welche zu Seinen souveränen Zeitpunkten geschehen. Jedoch glaube ich auch, daß Gott sich als Antwort auf ein Herz bewegt, das hungrig nach seiner Berührung ist, wenn wir glauben und auf Sein Wort hin handeln. Wenn wir zu Ihm mit Demut und Glauben in unseren Herzen kommen, dann können weder unsere Gefühle, Umstände, noch die Dinge dieser Welt, Ihn davon abhalten uns zu begegnen. Der Heilige Geist und seine Kraft ist JETZT für uns da. Alles was wir brauchen ist ein glaubendes Herz.

Eines Abends, während einer Open-Air-Evangelisation in Südafrika, kam eine Frau, deren Beine geschwollen waren, nach vorne zur Bühne. Am Abend davor waren ihre blinden Augen geöffnet worden und ihr Glaube war wirklich angefacht. Sie sagte zu mir: *„Meine Beine sind geschwollen und Ich will JETZT gleich geheilt werden! Wenn Gott mir mein Sehvermögen wieder geben kann, dann kann er auch meine Beine heilen!"* Mit großer Zuversicht proklamierte sie: *„Heute Abend!"* Die Offenbarung, daß „Gott ein Gott des JETZT ist", ging in ihrem Herzen auf und sie bekam ihren Durchbruch. Als ich ihr die Hände auflegte, empfing sie ihr Wunder. Die Schwellungen an beiden Beinen gingen zurück!

In Brasilien betete ich für einen Mann der gerade aus dem Gefängnis entlassen worden war. Dieser Mann war beim Gebetsaufruf nach vorne gekommen. Als ich mich ihm näherte und in sein Gesicht aufsah, um ihn zu fragen, was er denn wolle, daß der Herr für ihn tut, bekannte er, daß er ein Problem mit Drogenabhängigkeit hatte und freigesetzt werden wolle. Ich fühlte mich vom Herrn dazu gedrängt ihm zu sagen: „Wenn du dein Leben Jesus Christus übergibst und Ihm mit deinem ganzen Herzen dienst, wird Gott dich freisetzen!" Der Mann schaute mich an und dachte einen Moment nach. Dann erwiderte er nachdrücklich: „JA!"

In dem Moment, als er mit ganzem Herzen den Bedingungen zustimmte, die ihm vorgelegt worden waren, krümmte er sich plötzlich, als ob ihm in den Magen geschlagen worden wäre, und fiel zu Boden. Zu dem Zeitpunkt als er vom Boden aufstand, hatte ein Wunder stattgefunden.
Gott hatte ihn von seiner Drogenabhängigkeit freigesetzt.

In dem Moment in dem er glaubte und zustimmte, setzte sein Glauben die übernatürliche Kraft Gottes frei, welche die benötigte Veränderung und Befreiung herbeiführte.
JETZT – Glaube ist da!

Hebräer 11, 6
(wörtlich übersetzt aus dem Englischen)
Ohne Glauben aber ist es unmöglich ihm wohlzugefallen;
denn wer sich Gott naht, muß glauben, daß er ist
und daß er denen, die ihn unablässig suchen
ein Belohner ist.

Glaube ist der Schlüssel, der das Herz Gottes aufschließt, denn daran hat Er Wohlgefallen und Er ist denen ein Belohner, die ihn unablässig suchen. Kühnheit ist der Schlüssel zum Glauben. Glaube setzt eine Tat voraus, nicht nur Worte. Glaube ist eine aktive Reaktion auf das Wort Gottes.

Glaube in Aktion

Ich möchte euch eine kleine Geschichte mitteilen, die mir vor ein paar Jahren erzählt wurde. Darin ging es um eine 87 Jahre alte Oma, die sich entschieden hatte dafür zu beten, daß eine Bewegung Gottes in ihrer Gemeinde geschieht. Sie fuhr jeden Morgen um 5 Uhr mit dem Bus zur Gemeinde. Diese Oma machte weiter damit, Gott auf diese Weise zu suchen, bis sie ungefähr 90 Jahre alt war. Als sie zu alt war um zur Bushaltestelle zu laufen, blieb sie die nächsten zwei Jahre zuhause und betete für eine Erweckungsbewegung in ihrer Gemeinde.

Eines Tages geschah es während eines normalen Gottesdienstes am Sonntagmorgen, daß plötzlich der Heilige Geist auf sie fiel. Als Reaktion auf Ihn, sprang sie von ihrem Sitz auf, warf ihren Gehstock in hohem Bogen von sich und rannte so schnell um dieses Gebäude herum, wie ihre kleinen alten Beine sie nur tragen konnten! Als sie das zweite Mal um das Gebäude gerannt war, blieb sie stehen und stand vor der Versammlung, zog ihr Taschentuch heraus und begann damit, es in überschwänglichem Lobpreis zu schwenken.

Gott antwortete darauf, daß diese Frau Ihm beharrlich nachfolgte, indem Er seinen Heiligen Geist auf die ganze Gemeinde ausgoß. Viele gingen zu Boden, als die Kraft Gottes sie alle berührte. Erweckung kam in diese Gemeinde und viele wurden errettet. Eine echte pfingstliche Ausgießung des Heiligen Geiste ereignete sich, wegen des geistlichen Hungers und des unnachgiebigen Nachjagens Gottes von dieser Oma.

Geistlicher Hunger wird uns dazu bringen außergewöhnliche Dinge zu tun. Wir lesen von großen Männern und Frauen der Vergangenheit, die Gott in ihrer eigenen einzigartigen Weise nachjagten. Dies ist von Person zu Person unterschiedlich. Wir können nicht darauf schauen, wie es jemand anderes gemacht hat und dann versuchen diese Methode zu kopieren, denn beim Nachjagen der Gegenwart Gottes geht es nur um unsere Beziehung mit Ihm, da gibt es keine Formel.

Der Gott des Jetzt

Lukas 4, 18 - 24 (Schlachter)
„Der Geist des Herrn ist auf mir, weil er mich gesalbt hat,
den Armen frohe Botschaft zu verkünden; er hat mich
gesandt, zu heilen, die zerbrochenen Herzens sind,
Gefangenen Befreiung zu verkünden und den Blinden,
daß sie wieder sehend werden,
Zerschlagene in Freiheit zu setzten
um zu verkünden das angenehme Jahr des Herrn."
Und er rollte die Buchrolle zusammen
und gab sie dem Diener wieder und setzte sich,
und aller Augen der Synagoge waren auf ihn gerichtet.
Er aber fing an, ihnen zu sagen:
Heute ist diese Schrift erfüllt vor euren Ohren!
Und alle gaben ihm Zeugnis und wunderten sich
über die Worte der Gnade, die aus seinem Mund kamen,
und sprachen: Ist dieser nicht der Sohn Josephs?
Und er sprach zu ihnen: Gewiß werdet ihr mir dieses
Sprichwort sagen: Arzt, heile dich selbst! Die großen Taten,
von denen wir gehört haben,
daß sie in Kapernaum geschahen,
tue sie auch hier in deiner Vaterstadt!
Er sprach aber: Wahrlich, ich sage euch:
Kein Prophet ist anerkannt in seinem Vaterland.

Als Jesus kühn erklärte, *"Heute ist dies Schrift erfüllt vor euren Ohren!"*, gab es eine große Aufregung unter den religiösen Leuten. Sie wollten nicht glauben, daß Gott tatsächlich gekommen war um sein Wort zu erfüllen. Dieser religiöse Geist widersteht und greift die Werke des Heiligen Geistes auch heute immer noch an.

„Siehe, **jetzt** ist die wohlangenehme Zeit; siehe, **jetzt** ist der Tag des Heils." (2. Korinther 6,2 b Elberfelder) Er ist Immanuel, Gott mit uns. Die Berührung Gottes ist *jetzt* für uns da! Seine Gegenwart und Kraft ist jetzt in diesem Augenblick für uns verfügbar, um uns zu segnen, zu heilen und um die Menschheit wiederherzustellen. Die Gegenwart und Kraft des Heiligen Geistes steht jedem zur Verfügung. Alles was erforderlich ist, ist daß wir zu Gott kommen und glauben, daß *„Er ist, und Er denen ein Belohner ist, die Ihn unablässig suchen."*
Erlösung, Heilung, Befreiung und Segen sind verfügbar für diejenigen, die glauben.
Laßt uns unsere Herzen öffnen und mit Erwartung und Glauben dem Gott des JETZT vertrauen!

Kapitel 2

Geistlicher Hunger und Durst

Matthäus 5, 6 (Schlachter)
Glückselig sind, die nach der Gerechtigkeit
hungern und dürsten,
denn sie sollen satt werden!

Gottes Liebe für die Menschen wurde offen dargestellt, als Er seinen einzigen Sohn aufopferungsvoll hingab, um die Menschen wieder zu Sich zurückzubringen. Brutal geschlagen, verletzt, verspottet und verlassen, ertrug Jesus die Gewalt des Kreuzes, um für unsere Sünden zu bezahlen und unsere Beziehung mit dem Vater wiederherzustellen. Nur einem feurigen, leidenschaftlichen Herzen eines liebenden Gottes ist es möglich, diese kühne und ewig heldenhafte Rettung der Menschheit zu vollbringen. Er schuf einen Weg heraus aus dem Zustand der Sünde und stellte die ursprüngliche Gemeinschaft wieder her, die Er gewollt hatte, als die Menschheit erschaffen wurde.

Gott wünscht sich, daß die Menschen nach Ihm hungern und dürsten. Wenn das Volk Gottes anfängt zu hungern und Gott zu bedrängen, als einzelne und gemeinsam, kann sich das auf ganze Städte und Nationen zur Ehre Gottes auswirken.

Wenn Menschen danach suchen, Gott in einer intimen Art und Weise zu kennen, werden sie eine übernatürliche Berührung von Gott in ihrem Leben erfahren, die lebensverändernd ist! Ihre Herzen werden leidenschaftlich und befähigt werden den Missionsbefehl zu erfüllen.
„Geht nun hin und macht alle Nationen zu Jüngern, und tauft sie auf den Namen des Vaters und des Sohnes und des Heiligen Geistes, und lehrt sie alles zu bewahren, was ich euch geboten habe! Und siehe, ich bin bei euch alle Tage bis

zur Vollendung des Zeitalters." Amen.
(Matthäus, 28,19-20 Elberfelder)

Wir dürfen es nicht erlauben, daß irgendetwas unsere Liebe für unseren Gott abkühlt. Er ist der Anfänger und Vollender unseres Glaubens und der Liebhaber unserer Seelen. Laßt uns weitermachen, uns selbst in der leidenschaftlichen Jagd nach Ihm anzufachen.

Bist du hungrig nach dem lebendigen Gott?

Matthäus 4, 4 (Elberfelder)
Er aber antwortete und sprach: Es steht geschrieben:
„Nicht vom Brot allein soll der Mensch leben,
sondern von jedem Wort,
das durch den Mund Gottes ausgeht."

Ein gesunder Christ ist jemand, der nach Gott hungert und sich danach sehnt, Ihn in einer tieferen Art und Weise zu kennen und zu erfahren. Dieser Hunger ist ein Verlangen Gott zu kennen – Seine Persönlichkeit und seine Wege. Das Verlangen nach Intimität mit Gott bewegt mein Herz dazu, alles wegzulegen und alle Dinge als Verlust zu erachten, um der alles übertreffenden Erkenntnis Christi Jesu willen.

Philipper 3, 7 - 12 (Elberfelder)
Aber was auch immer mir Gewinn war, das habe ich um Christi willen für Verlust gehalten;
ja wirklich, ich halte auch alles für Verlust um der unübertrefflichen Größe der Erkenntnis Christi Jesu, meines Herrn, willen, um dessentwillen ich alles eingebüßt habe und es für Dreck halte, damit ich Christus gewinne und in ihm gefunden werde – indem ich nicht meine Gerechtigkeit habe, die aus dem Gesetz ist, sondern die durch den Glauben an Christus, die Gerechtigkeit aus Gott aufgrund des Glaubens,

> um ihn und die Kraft seiner Auferstehung und die
> Gemeinschaft seiner Leiden zu erkennen,
> indem ich seinem Tod gleichgestaltet werde,
> ob ich irgendwie hingelangen möge
> zur Auferstehung aus den Toten.
> Nicht daß ich es schon ergriffen habe oder schon vollendet
> bin; ich jage ihm aber nach,
> ob ich es auch ergreifen möge,
> weil ich auch von Christus Jesus ergriffen bin.

Ein geistlich hungriger Christ kommt zu dem Schluß, daß alles wertlos und unwichtig ist, wenn man es mit der Erkenntnis Gottes vergleicht. Er schreitet voran um das zu ergreifen, was Gott für ihn geschaffen hat. Er vergißt die Vergangenheit, die Fehler, die Schmerzen und sogar die guten Werke, er greift nach vorn, um das Erbe zu ergreifen, das in Christus Jesus ist. Er konzentriert sich und bewegt sich auf das Ziel oder den Preis zu, der in Christus Jesus ist.

Im Evangelium des Johannes, Kapitel 6, Verse 1-6 macht Jesus einige tiefgreifende Aussagen über Sich selbst, welche ziemliches Aufsehen unter den religiösen Juden an diesem Tag verursachten. In diesem Kapitel geschieht ein unvorstellbares Wunder. Jesus bringt Seine Jünger in Verlegenheit, indem er sie bittet die große Menschenmenge zu verpflegen, die Ihm in die Wildnis gefolgt war. Die Jünger standen vor dem Dilemma, 5000 Männer zu speisen, wahrscheinlich waren die Frauen und die Kinder an deren Seite nicht mitgezählt. Er prüft sie, bereits in dem Wissen was er tun würde. Wahrscheinlich um zu sehen, ob sie versuchen würden mit der Situation in ihrer eigenen Stärke fertig zu werden, oder ob sie ihr Vertrauen in Ihn setzen würden.

Die übernatürliche Kraft Gottes wird freigesetzt, als er ein einfaches Essen eines Kindes nimmt, fünf Brotlaibe und zwei Fische, es segnet und dann diese große Menge hungriger Menschen speist, die Ihm auf einen Berghang gefolgt waren.

Nachdem er dieses unglaubliche Wunder gezeigt hatte, erkennt Jesus, daß die Menschen so von diesem Zeichen überwältigt sind, daß sie Ihn mit Gewalt ergreifen und Ihn zum König machen wollen. Also geht Er wieder von ihnen weg, um alleine auf dem Berg zu sein, um zu beten und den Willen Seines Vaters für diese Situation zu suchen. (siehe Johannes 6,14+15)

In der Zwischenzeit steigen die Jünger ohne Ihn in ihr Boot und rudern über den See zu einem anderen Ort (genannt Kapernaum). Während sie rudern, wird es dunkel und ein starker Wind fängt an zu wehen. Jesus, der geblieben war, um zu beten, erscheint plötzlich, indem er auf den See hinausläuft, um dort den Jüngern zu begegnen. Als er das Boot besteigt, erreichen sie sofort ihr Ziel (siehe Johannes 6,16-21)
Am nächsten Tag folgten die Menschen, die bei dem Wunder dabei waren, ihnen nach Kapernaum und suchten Jesus. (siehe Johannes 6,22-24)

Laßt uns hier in Vers 27 einsteigen, als Jesus zu diesen Menschen spricht:

Johannes 6, 27 - 29; 33; 35 - 36 (Elberfelder)
Wirket nicht für die Speise, die vergeht, sondern für die Speise, die da bleibt ins ewige Leben,
die der Sohn des Menschen euch geben wird!
Denn diesen hat der Vater, Gott beglaubigt.
Da sprachen sie zu ihm: Was sollen wir tun,
damit wir die Werke Gottes wirken?
Jesus antwortete und sprach zu ihnen: Dies ist das Werk Gottes, daß ihr an den glaubt, den er gesandt hat.

Denn das Brot Gottes ist der, welcher aus dem Himmel herabkommt und der Welt das Leben gibt.

Jesus sprach zu ihnen: **Ich bin das Brot des Lebens.**

Wer zu mir kommt, wird nicht hungern; und wer an mich glaubt, wird nie mehr dürsten.
Aber ich habe euch gesagt,
daß ihr mich auch gesehen habt
und nicht glaubt.

Es ist so bedauerlich, daß Menschen Jesus mit aller Kraft nachfolgten, jedoch aus falschen Beweggründen. Sie haben das wesentliche dieses Wunders nicht begriffen. Sie hatten ihr Augenmerk auf die Dinge der Welt gerichtet und auf die Sorgen dieses Lebens und nicht auf das Übernatürliche. Sie konnten nicht verstehen, was Jesus sagen wollte, weil sie dem Einen nicht glaubten, den Gott gesandt hatte.

Johannes 6, 48 - 51 (Schlachter)
Ich bin das Brot des Lebens.
Eure Väter haben das Manna gegessen in der Wüste
und sind gestorben;
dies ist das Brot, das aus dem Himmel herabkommt, damit,
wer davon ißt, nicht stirbt.
Ich bin das lebendige Brot, das aus dem Himmel
herabgekommen ist. Wenn jemand von diesem Brot ißt,
so wird er leben in Ewigkeit.
Das Brot aber, das ich geben werde, ist mein Fleisch,
das ich geben werde für das Leben der Welt.

Jesus teilt uns den Schlüssel zu dieser tiefsinnigen Aussage mit: *„Der Geist ist es, der lebendig macht, das Fleisch nützt gar nichts. Die Worte, die ich zu euch rede, sind Geist und sind Leben."* (Johannes 6,63 Schlachter) Die Worte die Jesus spricht sind Geist und Leben für unseren geistlichen Menschen. Obwohl unser äußerlicher Mensch zu Grunde geht, wird der innere Mensch Tag für Tag erneuert. (2. Korinther 4,16-18), indem wir am Brot des Lebens teilhaben. Jesus sagt uns, daß wir Gott um *„unser tägliches Brot"* bitten sollen. So wie Er auch Sein Volk in der Wüste mit dem Manna, das vom Himmel kam, versorgte, so muß auch unser Brot frisch sein und täglich gesammelt und gegessen werden. Jesus ist das Wort Gottes, das Fleisch wurde, voller Herrlichkeit, Gnade und Wahrheit. (Johannes 1,1+14) Er ist unsere geistliche Nahrung, die unseren hungrigen Geist ernährt. Sein Wort täglich „gegessen und verdaut", stärkt uns in unserem innersten Sein, so daß wir uns den Herausforderungen eines jeden neuen Tages stellen können.

Jesus sagt in Johannes 10,10 (Schlachter): *„Der Dieb kommt nur, um zu stehlen, zu töten und zu verderben; ich bin gekommen, damit sie das Leben haben und es im Überfluß haben."* Indem wir Jesus teilhaftig sind, dem Brot des Lebens, das vom Himmel kam, sind wir Teilhaber ewigen Lebens! Sein Wort ist unsere geistliche Speise, nach der wir hungern und von der wir essen müssen, damit unsere Seelen gedeihen. Das Leben von uns allen wird gestärkt werden, weil Er unsere Lebensquelle ist, *„denn in Ihm leben und weben und sind wir......."* (Apostelgeschichte 17,28 Elberfelder) Er stärkt unseren inneren Menschen, damit wir Überwinder in diesem Leben sein können, gerade durch den Glauben an das, was Er am Kreuz vollbracht hat.

Während wir uns an Ihm erfreuen und über sein Wort nachdenken, werden wir verändert und verwandelt in unserem Inneren von Herrlichkeit zu Herrlichkeit. Unsere Gedanken werden erneuert, da die Offenbarung Jesus Christus uns tiefer bekannt gemacht wird.

Geistlicher Durst

Johannes 7, 37 - 38 (wörtlich übersetzt aus dem Englischen)
An dem letzten Tag, dem großen Tag des Festes,
stand Jesus und rief aus, indem er sprach:
„Wenn jemand dürstet, laßt ihn zu Mir kommen und trinken.
Derjenige, der an Mich glaubt, wie die Schrift gesagt hat,
von dessen Herzen werden Ströme
lebendigen Wassers fließen."

In dieser Schriftpassage sehen wir Jesus an dem Tisch eines Festmahles sitzen, während des letzten und großen Tages eines Hochzeitsfestes. Inmitten dieser überglücklichen Feier und Festmahls, steht Jesus plötzlich auf und ruft aus: *„Wenn jemand dürstet, laßt ihn zu Mir kommen und trinken. Der, der an Mich glaubt, wie die Schrift gesagt hat, aus dessen Herzen werden Ströme lebendigen Wassers fließen."*

Warum hat Jesus dieses besondere Ereignis gewählt, um diese tiefgründige Aussage zu machen? Und auf was für eine Art von „Trank" weist Jesus hier hin? Da dies der „Ehrentag des Festes" war, können wir annehmen, daß ein Überfluß an Essen und Getränken vorhanden war. Dies schaffte die Voraussetzung für das, was Jesus gerade im Begriff war über das Königreich Gottes zu offenbaren. Als sie großzügig den Überfluß an Essen und Getränken zu sich nahmen, hat Jesus sie auf eine Parallele von Genuß in geistlicher Art und Weise hingewiesen. Gott war dabei, in ihre Welt mit einer völlig neuen Offenbarung hineinzubrechen, welche die Fundamente ihrer fleischlichen Haltungen erschüttern würde.

Römer 14, 17 (Elberfelder)
Denn das Reich Gottes ist nicht Essen und Trinken,
sondern Gerechtigkeit, Friede und Freude im Heiligen Geist.

In diesem Rahmen des Essens und Trinkens verkündet Jesus, daß wenn sie zu Ihm kommen und an Ihn glauben würden, er in den Becher ihrer Seelen einen lebendigen Trank einschenken würde. Den Heiligen Geist, der ihren geistlichen Durst stillen würde. Obwohl ihr natürlicher Appetit durch Essen gestillt wurde, konnte jedoch ihr geistlicher Appetit nur durch Ihn zufriedengestellt werden. Wenn wir nach Gerechtigkeit hungern und dürsten, werden wir mit lebendigem Wasser erfüllt werden, das vom Thron Gottes fließt!

Offenbarung 22, 1 (Schlachter)
Und er zeigte mir einen reinen Strom vom Wasser des Lebens, glänzend wie Kristall,
der ausging vom Thron Gottes und des Lammes.

Offenbarung 21, 6 (wörtlich übersetzt aus dem Englischen)
Und Er sagte zu mir: „Es ist vollbracht!"
Ich bin das Alpha und das Omega,
der Anfang und das Ende.
Ich werde dem, der dürstet, umsonst geben
von der Quelle des Wasser des Lebens."

Jesus kam von genau dem Ort, wo der Fluß des lebendigen Wassers fließt, dem Thron Seines Vaters. Jesus macht der Menschheit bekannt, daß Er die Quelle ist, durch die dieses lebendige Wasser fließen wird. Die Einfüllung des Heiligen Geistes in das Herz eines Gläubigen kommt einer „Fontäne" oder Quelle lebendigen Wassers gleich. Jesus ist der Urheber dieses Durstes. Er erschuf die Menschen mit diesem Bedürfnis von Ihm zu holen. In dem ursprünglichen Garten hatten Adam und Eva Zugang zu diesem lebendigen Wasser, doch jetzt nehmen wir von Ihm, indem wir zu der ewigen Quelle des Heils kommen, um dieses lebendige Wasser zu holen. Dies ist ein Durst, der nicht gestillt werden kann, außer wir kommen zu Ihm und trinken. Nur die Gegenwart und Kraft Gottes, der Heilige Geist, der das lebendige Wasser ist, kann den Durst der Menschen zufriedenstellen und löschen. Er gibt dieses lebendige Wasser all denen, die an Ihn glauben, umsonst.

Johannes 4, 7 - 15 (Luther)
Da kommt eine Frau aus Samarien, um Wasser zu schöpfen. Jesus spricht zu ihr: Gib mir zu trinken! Jesus antwortet und sprach zu ihr: Wenn du erkenntest die Gabe Gottes und wer der ist, der zu dir sagt:
Gib mir zu trinken!
du bätest ihn und der gäbe dir lebendiges Wasser.
Spricht zu ihm die Frau: Herr, du hast doch nichts, womit du schöpfen könntest, und der Brunnen ist tief;
woher hast du dann lebendiges Wasser?
Jesus antwortete und sprach zu ihr:
Wer von diesem Wasser trinkt, den wird wieder dürsten; wer aber von dem Wasser trinken wird, das ich ihm gebe, den wird in Ewigkeit nicht mehr dürsten, sondern das Wasser, das ich ihm gebe, wird in ihm eine Quelle des Wassers werden, das in das ewige Leben quillt.
Spricht die Frau zu ihm: Herr, gib mir solches Wasser, damit mich nicht dürstet und ich nicht herkommen muß, um zu schöpfen!

Diese Frau aus Samarien erkannte und glaubte, daß Jesus die Wahrheit sagte. Jesus sagt: *„Wer von diesem Wasser* (von der natürlichen Quelle) *trinkt, den wird wieder dürsten; wer aber von dem Wasser trinken wird, das ich ihm gebe, den wird in Ewigkeit nicht mehr dürsten, sondern das Wasser, das ich ihm gebe, wird in ihm eine Quelle des Wassers werden, das in das ewige Leben quillt."*
Er sehnt sich danach, daß wir von dieser lebendigen Wasserquelle holen, indem wir zu Ihm kommen, mit Ihm Gemeinschaft haben, von Ihm trinken, bis Er aus unseren Leben überfließt; bis wir so voll von Ihm sind, daß Er aus unseren Herzen und Leben herausströmt und diejenigen um uns herum mit Seiner Gegenwart, Seiner Liebe und Seiner Kraft berührt. *Umsonst empfangen wir und umsonst geben wir.* Dies ist der Schrei Seines Herzens für die Menschen. Er sehnt sich danach, daß alle dieses überfließende Leben in Ihm erhalten, damit wir andere damit überschütten können.

Lechzen nach dem lebendigen Gott

Die Menschheit braucht geistlichen Hunger und Durst nach dem Schöpfer und Seiner Liebe. Er ruft uns zu Ihm zu kommen und Sein lebendiges Wasser zu trinken.
David sagt in Psalm 34,9: *Oh, schmeckt und seht, daß der Herr gut ist; gesegnet ist der Mann der auf Ihn vertraut!"* (wörtlich übersetzt) Er hatte offensichtlich von der Quelle des Lebens geschmeckt, die vom Thron Gottes fließt und er wußte, daß es nichts Vergleichbares hier auf Erden gibt.

David beschreibt seine Leidenschaft und seinen Durst nach Gott in Psalm 42 und nimmt als Beispiel einen Hirsch, der nach dem Wasserbach lechzt:

Psalm 42, 1 - 3, 8 (wörtliche Übersetzung aus dem Englischen)
Wie der Hirsch lechzt nach Wasserbächen, so lechzt meine Seele nach Dir, oh Gott.
meine Seele dürstet nach Gott, nach dem lebendigen Gott.
Wann werde Ich kommen und erscheinen vor Gott?

Die Tiefe ruft der Tiefe zu beim Geräusch deiner Wasserfälle. Alle deine Wellen und Wogen sind über mich hinübergegangen.

Ein durstiger Hirsch ist durch nichts von seinem Ziel abzubringen, wenn er eine Wasserquelle sucht, um seinen Durst zu stillen. In gleicher Weise treibt uns unser Durst nach einem erfrischenden Trank von Seiner Gegenwart dazu an, Ihn zu suchen. Menschen, die sagen, 'Ich bin zufrieden damit, wo ich in Gott bin.', sind diejenigen, die nicht all das, was Gott für sie während ihrer Lebenszeit bereithält, erfahren werden. Sie sind kurzsichtig und denken, daß sie am Ziel angekommen sind; daß sie alles wissen, was sie über Gott wissen müssen und alles erlebt haben, was es in Ihm gibt.

Aber denjenigen, die sich nach mehr von Ihm vordrängen werden, denen wird Er Sich selbst und auch die Tiefen Seiner Liebe und Kraft offenbaren. Sie werden die wunderbare zufriedenstellende Berührung Gottes in ihrer Seele und ihrem Geist erfahren. Es gibt nichts in dieser Welt, das man überhaupt vergleichen kann mit dem Reichtum Seiner Herrlichkeit, wenn Sie mit dem menschlichen Geist in Kontakt kommt. Du wirst dann wissen: 'Das ist es, für das ich erschaffen wurde: um Gemeinschaft mit Gott zu haben und die Schönheit Seiner Heiligkeit zu erleben'

„Denn ein Tag in deinen Vorhöfen ist besser als tausend woanders", sagt der Psalmist (Psalm 84,11 wörtlich übersetzt), denn er wusste, daß nichts auf der Erde ihn so zufriedenstellen konnte, als nahe bei Gott zu sein. Gottes Liebe ist wie warmes Öl, das über uns fließt. Heilung und Befreiung sind unvermeidbar, wenn die Süße seiner Liebe in jeden Riss unseres zerbrochenen Herzens sickert. Wir werden geheilt von unseren tiefsten Wunden, die kein Mensch und kein Medikament auf dieser Erde heilen kann.

Ein tiefes Verlangen und eine tiefe Liebe für Gott, sowie eine Sehnsucht mit Ihm zusammen und wie Er zu sein, sind die Resultate des Lechzens nach ihm. Unser Herz schlägt mit Leidenschaft für Ihn und unser Schrei wird sein: „Berühre mich, oh Gott! Verändere mich! Ich will sein wie du. Laß mich Dich und die Kraft Deiner Auferstehung erkennen, damit ich ein Gefäß Deiner Herrlichkeit werde!" Der Herr sehnt sich danach gesucht zu werden und daß man ihm nachjagt. Dies ist die tiefste Art von Anbetung, die wir ihm je bieten können.

Verzweifelte Menschen tun verzweifelte Dinge

Während einer 3-tägigen Erweckungsveranstaltung in einer Stadt namens Curitiba im südlichen Teil von Brasilien, lud ich alle ein, nach vorne zum Gebet zu kommen, die sich nach einer Berührung Gottes sehnten. Im nächsten Moment sprangen die Leute von ihren Stühlen auf und rannten durch die Gänge der Gemeinde, sprangen über Stühle und übereinander hinweg, um nach vorne zu kommen. Es war so, als wäre eine Pistole zum Start eines 100 Meter Kurzstreckenlaufs losgegangen!

Ich erinnere mich an ein verblüffendes Schauspiel, als eine ältere Frau vom hinteren Teil des Gebäudes nach vorne rannte und mit dem Kopf voraus in den Gebetsbereich hechtete! Einige der Menschen wurden, noch bevor sie vorne angekommen waren, von der Kraft Gottes überwältigt und fielen während des Laufens zu Boden. Viele wurden erfüllt und überwältigt vom neuen Wein des Heiligen Geistes und lagen überall im Gebäude am Boden.

Ich brauche nicht zu sagen, daß die Herrlichkeit Gottes in dem Gebäude an diesem Abend war. Der Klang singender Engel und Lichtblitze, die wie Sternschnuppen waren, wurden über den Menschen gesehen. *Der Heilige Geist bewegte sich mächtig als Antwort auf die leidenschaftlichen Herzen Seines Volkes.*

Wer hat mich berührt?

Der Schlüssel zu geistlichem Hunger ist zu erkennen, daß wir Gott brauchen. Alles was wir brauchen, findet man in Ihm und nur in Gott werden wir volle Zufriedenheit und Ruhe finden. Er ist die Antwort, die wir suchen.

Lukas 8, 43 - 48 (Schlachter)
Und eine Frau, die seit 12 Jahren den Blutfluß gehabt und all ihr Gut an die Ärzte gewandt hatte,
aber von keinem geheilt werden konnte,
trat von hinten herzu und rührte den Saum seines Gewandes an; und auf der Stelle
kam der Blutfluß zum Stehen.
Und Jesus fragte: Wer hat mich angerührt?
Als es nun alle bestritten, sprach Petrus und die mit ihm waren: Meister, die Volksmenge drückt und drängt dich,
und du sprichst: Wer hat mich angerührt?
Jesus aber sprach: Es hat mich jemand angerührt;
denn ich habe erkannt, wie eine Kraft von mir ausging!
Als nun die Frau sah, daß sie nicht unbemerkt geblieben war, kam sie zitternd, fiel vor ihm nieder
und erzählte ihm vor dem ganzen Volk
aus welchem Grund sie ihn angerührt hatte
und wie sie auf der Stelle gesund geworden war.
Er aber sprach zu ihr: Sei getrost, meine Tochter!
Dein Glaube hat dich gerettet; geh hin in Frieden!

Diese Frau erkannte, daß Jesus die einzige Antwort für ihre Heilung war. Nachdem sie das Meiste von ihren Finanzen ausgegeben hatte und von Doktor zu Doktor gelaufen war, in dem Versuch gesund zu werden, hatte sie keine Hoffnung bis Jesus erschienen war. Ihre Verzweiflung gab ihr die Kühnheit sich trotz ihres Zustandes durch die Menschenmenge zu quetschen. Sie sagte sich: *„Könnte ich nur sein Gewand berühren, so würde ich gesund"* (Matthäus 9,21 Luther) Sie drängelte sich durch, streckte ihre Hand aus und berührte den Saum Seines Gewandes. Sofort war sie geheilt.

Die Menschheit braucht geistlichen Hunger nach Gott. Der Hunger zwingt uns, durch alle Hindernisse und Widrigkeiten zu drängen, um die Antwort, die wir brauchen zu erhalten.
Oft wird der geistliche Hunger aufgrund einer empfangenen Berührung von Gott angefacht. Nur ein flüchtiger Blick auf seine Herrlichkeit kann unsere Herzen auf eine heiße Jagd nach mehr von Ihm ausrichten. Dies ist das Werk des Heiligen Geistes, der uns tiefer in die Tiefen der Beziehung mit Gott lockt. Indem wir mit Seiner Gegenwart in Kontakt kommen, werden unsere Herzen von Seinem Feuer und Seiner Liebe entzündet. In Seiner Gegenwart ist Seine Fülle von unaussprechlicher Freude, die Fülle Seiner Gegenwart, Sein Frieden, der alles Verstehen übersteigt und Seine Liebe, die keine Grenzen kennt. Wenn du einmal die Güte Gottes geschmeckt hast, wirst du nie mehr mit etwas Geringerem zufrieden sein.
Du mußt mehr haben!

Kapitel 3

Leidenschaft für Gott

Mit ganzem Herzen

Jakobs Leben ist ein gutes Beispiel für jemanden, der zutiefst begehrte von Gott gesegnet zu werden. Er hat dieses Ziel mit ganzem Herzen verfolgt. Er harrte aus, bis er das erhielt, nach dem er sich sehnte: eine Berührung des lebendigen Gottes. Wegen seiner Hartnäckigkeit setzte er sich durch und erhielt seinen Segen. Dies veränderte nicht nur sein Leben, sondern auch die Menschen um ihn herum. Laß uns diese erstaunliche Begegnung mit Gott in 1. Mose 32, 25-29 ansehen:

> **1. Mose 32, 25 - 29 (Schlachter)**
> Jakob aber blieb zurück. Da rang ein Mann mit ihm,
> bis die Morgenröte anbrach.
> Und als dieser sah, daß er ihn nicht bezwingen konnte, da
> rührte er sein Hüftgelenk an,
> so daß Jakobs Hüftgelenk verrenkt wurde.
> Und der Mann sprach: Laß mich gehen;
> denn die Morgenröte bricht an!
> Jakob aber sprach: Ich lasse dich nicht los,
> es sei denn, du segnest mich!
> Da fragte er ihn: Wie ist dein Name? Er antwortete: Jakob!
> Da sprach er: Dein Name soll nicht mehr Jakob sein,
> sondern Israel; denn du hast mit Gott und Menschen
> gekämpft und hast gewonnen!

Es war mitten in der Nacht, als Jakob eine Begegnung mit dem Engel des Herrn hatte. Dieser Mann rang mit ihm bis der Morgen anbrach. Als der Engel sah, daß er Jakob nicht besiegen konnte, berührte er die Gelenkpfanne seines Oberschenkels und sagte: *„Laß mich gehen; denn die Morgenröte bricht an!"* Doch Jakob antwortete, indem er sagte:

„Ich lasse dich nicht los, es sei denn, du segnest mich!"

Im Alten Testament ist der *„Engel des Herrn"* der Herr selbst. Jakob rang mit dem Engel des Herrn und weigerte sich ihn gehen zu lassen, bis er seinen Segen erhielt. Vielleicht könnte man Jakobs Wagemut in Frage stellen, mit Gott in dieser Art und Weise zu reden, ja und noch schlimmer, Gottes Aufforderung Ihn gehen zu lassen, zu verweigern. Es ist auch offensichtlich, daß Gott Jakob hätte zwingen können Ihn loszulassen, doch ich glaube der Grund dafür, daß es so war, ist anscheinend: Jesus liebt es, wenn Menschen Ihm nachjagen, die sich nach Ihm sehnen mit all ihrem Herzen. Wegen Jakobs Hartnäckigkeit entschied sich Gott ihn zu segnen.

Es war mitten im Dunkeln der Nacht, als Jakob mit dem Engel rang. Wir erfahren auch ähnliche „Nachtzeiten" in unseren Leben; Zeiten großer Frustration und Kämpfe. Wenn wir auf diese Geschichte schauen, bemerken wir, daß Jakob bis zum Anbruch des Tages rang, eine Zeit, zu der die Sonne aufgeht und die Zeit der Nacht vorbei ist. Der „Morgen" bedeutet auch: eine Zeit des Durchbruchs und der neuen Anfänge. Es ist auch interessant zu beobachten, daß es in den frühen Morgenstunden war, als der Herr sagte: *„Lass mich gehen..."* Doch Jakob hielt durch und blieb beharrlich bis zum Durchbruch des Tages. Während dieser Begegnung ließ sich Jakob nicht unterkriegen und erhielt seinen Segen: Gott veränderte seinen Namen von „Jakob", was „Betrüger" bedeutet, zu „Israel", was bedeutet: „als Prinz hast du Macht bei Gott und bei Menschen."

Wir müssen uns durchdrängen durch die schwierigen Zeiten unseres Lebens. Bleibe treu; Schüttle die Müdigkeit, den Zweifel und Trägheit des Geistes ab. Wir werden weitermachen, bis der Sohn Gottes in unseren Herzen aufsteht und uns den Sieg gibt! Jesus ist der „Herr der Durchbrüche" in unseren Leben. Wenn du Ihn mit ganzem

Herzen ergreifst und nicht gehen läßt, wird Er dich belohnen und dir das geben, was du dir von Herzen wünschst, denn Gott belohnt diejenigen, die ihn unablässig suchen. (Hebräer 11,6) Selbst inmitten der dunkelsten Momente, erinnere dich, daß wenn wir Gott selbst darin nachjagen, dann Sieg und Segen unser Erbteil sein werden. Der Sohn wird aufstehen mit *„Heilung unter Seinen Flügeln"* (Maleachi 3,20), Gott wird kommen, um uns zu segnen und unsere Leben zu berühren.

Jeremia 29, 11 - 14 (Schlachter)
Denn ich weiß, was für Gedanken ich über euch habe,
spricht der Herr, Gedanken des Friedens
und nicht des Unheils,
um euch eine Zukunft und eine Hoffnung zu geben.
Und ihr werdet mich anrufen und hingehen und zu mir flehen,
und ich will euch erhören;
ja ihr werdet mich suchen und finden,
wenn ihr von ganzem Herzen nach mir verlangen werdet;
und ich werde mich von euch finden lassen, spricht der Herr.
Und ich werde euer Geschick wenden und euch sammeln
aus allen Völkern und von allen Orten,
zu denen ich euch verstoßen habe, spricht der Herr;

Klopfe einfach weiter an

In Matthäus 7,7 (Elberfelder) heißt es: *„Bittet, und es wird euch gegeben werden; sucht, und ihr werdet finden; klopft an, und es wird euch geöffnet werden."* Diese Schriftstelle im griechischen Original offenbart einen wichtigen Schlüssel, denn sie meint: immer weiter fragen, immer weiter klopfen, und immer weiter suchen. Dies ist ein Ruf des Nachjagens und Beharrens bei der Suche Gottes.

In dieser Nachfolge werden wir Gottes Herz berühren und im Gegenzug wird Er, wie bei Jakob, uns berühren, uns segnen und was das wichtigste ist, uns verändern. Er wird uns einen neuen Namen geben. Das ist geistlicher Hunger!

Laß uns ein anders Gleichnis ansehen, in welchem Jesus über Gebet und die Nachfolge Gottes lehrt:

Lukas 11, 5 - 13 (Luther)
Und er sprach zu ihnen: Wenn jemand unter euch einen
Freund hat und ginge zu ihm um Mitternacht
und spräche zu ihm:
Lieber Freund, leih mir drei Brote;
denn mein Freund ist zu mir gekommen auf der Reise,
und ich habe nichts, was ich ihm vorsetzen kann,
und der drinnen würde antworten und sprechen:
Mach mir keine Unruhe! Die Tür ist schon zugeschlossen,
und meine Kinder und ich liegen schon zu Bett;
ich kann nicht aufstehen und dir etwas geben.
Ich sage euch: Und wenn er schon nicht aufsteht
und ihm etwas gibt, weil er sein Freund ist,
dann wird er doch wegen seines unverschämten Drängens
aufstehen und ihm geben, soviel er bedarf.
Und ich sage euch auch: Bittet, so wird euch gegeben;
suchet, so werdet ihr finden; klopfet an,
so wird euch aufgetan.
Denn wer da bittet, der empfängt; und wer da sucht, der
findet; und wer da anklopft, dem wird aufgetan.
Wo ist unter euch ein Vater, der seinen Sohn,
wenn der ihn ums Brot bittet, dafür einen Stein biete?
oder wenn er um einen Fisch bittet,
ihm eine Schlange für den Fisch biete?
oder der ihm, wenn er um ein Ei bittet,
einen Skorpion dafür biete?
Wenn nun ihr, die ihr böse seid,
euren Kindern gute Gaben geben könnt,
wieviel mehr wird der Vater im Himmel den Heiligen Geist
geben denen, die ihn bitten!

In dieser Geschichte braucht der Freund eines Nachbarn etwas Essen, um einen Freund zu verpflegen, der ihn unerwartet mitten in der Nacht besucht. Dieser Mann klopft an die Tür seines schlafenden Freundes und weckt ihn auf, um etwas Brot zu erhalten. Zuerst weigert sich sein Freund, ihm Nahrungsmittel zu geben, weil es zu viele Umstände macht. Doch in Vers 8 sehen wir, daß sich, wegen seiner ernsthaften Beharrlichkeit, sein Freund entscheidet aufzustehen um ihm etwas Essen zu geben. Dieser Mann hielt so lange aus, bis dies das Herz Seines Nachbarn berührt und dessen Hand ihm Nahrungsmittel gab. In gleicher Weise wird unsere Entschlossenheit den Durchbruch bei Gott bringen, den wir begehren

Ich glaube, daß Jesus uns hier einige Schlüssel für unsere Nachfolge Gottes gegeben hat. In dem Gleichnis sehen wir, wie der Freund in einer unverschämten Weise ausharrte. Sein Bedarf an Essen besiegte seine Angst vor dem, was der Nachbar von ihm dachte. Er war nicht eingeschüchtert oder beeinträchtigt durch die Meinung der Menschen, denn sein Bedarf wog mehr als eine befangene „Angst vor Menschen". Die Angst vor Menschen ist wirklich ein Fallstrick, wie es in den Sprüchen heißt. Diese kann die Hauptursache sein, die viele in Ihrer Nachfolge Gottes behindert. Unser Bedürfnis nach mehr von Gott wird unsere Angst vor Menschen und ihren Meinungen und Verhaltensweisen überwältigen. Als Jesus am Kreuz starb und Sein Blut für uns vergoß, ermöglichte Er es für den Glaubenden in Zeiten der Not mit Kühnheit vor den Thron der Gnade zu treten. (siehe auch Hebräer 4,16) Wenn wir mit Seinem Geist erfüllt sind, treibt die Liebe Gottes die Angst aus und wir werden den Mut haben, der die Einschüchterungen der Menschen zerbricht.

Seine Gegenwart ist ein kostenloses Geschenk, doch wir müssen Seine Gegenwart und Seine Berührung wollen. Wir müssen uns nach Ihm sehnen und Ihm nachfolgen, um Seine Fülle zu bekommen. In Römer 10,11 heißt es: *„Wer auch* *immer an Ihn glaubt, wird nicht enttäuscht werden."* (wörtliche Übersetzung aus der englischen NAS-Bible) Wenn Gott eifrig gesucht wird, wird Er gefunden werden. Bitte, suche und klopfe an die Tür des Himmels und du wirst das von deinem liebenden himmlischen Vater empfangen, was du von Ihm erbittest, gemäß Seinem Wort.

Apostelgeschichte 4, 29 - 31 (Elberfelder)
Und nun, Herr, sieh an ihre Drohungen und
**gib deinen Knechten,
dein Wort mit aller Freimütigkeit zu reden**;
indem du deine Hand ausstreckst zur Heilung,
und daß Zeichen und Wunder geschehen
durch den Namen deines heiligen Knechtes Jesus.
Und als sie gebetet hatten,
bewegte sich die Stätte, wo sie versammelt waren:
**und sie wurden alle mit dem Heiligen Geist
erfüllt und redeten das Wort Gottes mit Freimütigkeit**

Die Gewalttätigen reißen das Königreich an sich

Matthäus 11, 12 (Schlachter)
„Aber von den Tagen Johannes des Täufers an bis jetzt leidet das Reich der Himmel Gewalt, und die welche Gewalt anwenden, reißen es an sich."

Die Welt leidet unter der Gewalt der dämonischen Kräfte, die versuchen, die Menschheit zu kontrollieren und zu vernichten, sowie alles was Gott kostbar ist. Als Jesus Christus in seinen Dienst hier auf Erden eintrat, bezog Er klar Stellung gegen diese Gewalt und begann alles, was Satan gestohlen hatte, zurückzuholen; z. B. Leben, Gesundheit und Eigentum der Menschen, die nach dem Ebenbild Gottes geschaffen sind.

Wir werden vom Teufel täglich bombardiert, in unseren Gedanken und unseren Leben. Wir kämpfen nicht gegen Fleisch und Blut (siehe Epheser 6, 12), sondern mit einem feindlichen und zerstörerischen Widersacher, der das Verlangen hat uns zu töten und zu zerstören. (Johannes 10, 10) Daher müssen wir Gott mit unserem ganzen Herzen energisch nachfolgen, unserer ganzen Seele, unserem ganzen Verstand und unserer ganzen Stärke. Suche Ihn im Gebet. Verbringe Zeit im Wort Gottes. Mache Anbetung zu einem Lebensstil vor Ihm. Schüttle Zweifel und Unglauben, Passivität, Apathie und Lethargie des Geistes ab, denn diese werden uns in unserer Jagd nach Seiner Gegenwart und Kraft hindern. Tatsächlich sind Passivität und ein undiszipliniertes Leben die größten Hindernisse für den christlichen Wandel.

Da es großen Widerstand vom Königreich der Dunkelheit gibt, um Gottes Werk in unserem Leben zu stoppen, muß ihm mit der gleichen Aggression begegnet werden, indem wir starke und entschiedene Maßnahmen gegen es ergreifen. Bevollmächtigt durch die Gnade Gottes und der Salbung Seines Geistes, werden wir im Gegenzug danach trachten, Wiederherstellung zur Menschheit durch das vollendete Werk des Kreuzes zu bringen.

Als Jesus seine Jünger aussandte, um die Kranken zu heilen, die Aussätzigen zu reinigen, die Toten aufzuerwecken und die Dämonen auszutreiben, erklärte Er: *"Das Reich der Himmel ist nahe gekommen."* (Matthäus 10, 7-8 Elberfelder) Da das Königreich der Himmel unter der Gewalt leidet, müssen wir, mit großer Entschlossenheit beschließen, es zurückzuerobern, indem wir unsere Herrschaft über die Finsternis durchsetzen. Mit ganzem Herzen jagen wir dem Königreich der Himmel und dem überfließenden Leben nach, für das Er für uns bezahlt hat. Wir werden zu Seinen Gefäßen, die Seine Gegenwart, Seine Kraft und Seine Herrlichkeit zu einer verlorenen und hoffnungslosen Welt tragen.

Hebräer 12, 1 - 2 (Schlachter)
Da wir nun eine solche Wolke von Zeugen um uns haben,
so laßt uns jede Last ablegen und die Sünde,
die uns so leicht umstrickt,
und laßt uns mit Ausdauer laufen in dem Kampf,
der vor uns liegt, indem wir hinschauen auf Jesus,
den Anfänger und Vollender des Glaubens,
der um der vor ihm liegenden Freude willen das Kreuz
erduldete und dabei die Schande für nichts achtete,
und der sich zur Rechten des Thrones Gottes gesetzt hat.

Es gibt viele Dinge in der Welt, die an uns ziehen und zwar ständig. Wir müssen es vermeiden in irgendetwas von ihr verwickelt zu werden. Wie schon Smith Wigglesworth sagte: *„Weltlichkeit ist all das, was unsere Liebe zu Gott abkühlt. Wir müssen alles, was unsere Beziehung mit Gott behindert, aggressiv niederreißen!"*

Das Suchen von Gottes Angesicht

Psalm 27, 4, 7, 8 (wörtlich übersetzt)
Eines habe ich vom Herrn erbeten, danach werde ich
trachten: Daß ich im Hause des Herrn verweilen darf
alle Tage meines Lebens,
um die Schönheit des Herrn zu betrachten
und nachzuforschen in Seinem Tempel.
Höre, oh Herr, wenn ich mit meiner Stimme rufe!
Sei mir gnädig und antworte mir.
Als du sagtest, „Suche Mein Angesicht", sagte mein Herz
zu dir, "Dein Angesicht, Herr, werde ich suchen."

Wenn der Herr uns auffordert, „sein Angesicht zu suchen" oder Sein Antlitz, spricht dies davon, eine Beziehung mit Ihm zu suchen. In Seinem Angesicht sehen wir das göttliche Licht Seiner Herrlichkeit und auch die Äußerungen Seines Herzens.

Er fordert uns in dieser Passage nicht dazu auf, Seine Hand für das, was Er für uns *tun* kann, zu suchen, obwohl er uns segnen und uns versorgen will. Er fordert uns auf Sein Angesicht oder die Gemeinschaft mit Ihm zu suchen. Das Zwiegespräch mit Ihm, die verschiedenen Emotionen zu erleben, die Er fühlt: Seine Liebe und Sein Wohlgefallen, Seinen Kummer und Schmerz, Sein Lachen und Seine Freude. Er will, daß wir Ihn mit unserem ganzen Herzen suchen und der Gesellschaft und Gemeinschaft nachjagen, die Er sich mit Seinem Volk wünscht und ersehnt.

Psalm 32, 6 - 8 (Elberfelder)
Deshalb soll jeder Fromme zu dir beten,
zur Zeit, da du zu finden bist;
gewiß bei großer Wasserflut, ihn werden sie nicht erreichen.
Du bist ein Bergungsort für mich;
vor Bedrängnis behütest du mich;
du umgibst mich mit Rettungsjubel.
Ich will dich unterweisen und dich lehren den Weg,
den du gehen sollst;
ich will dir raten; meine Augen über dir offenhalten.

„sucht den Herrn, während er sich finden läßt! Ruft ihn an, während er nahe ist." (Jesaja 55,6 Elberfelder) Ich habe festgestellt, daß die göttlichen Heimsuchungen in dem Leben eines Menschen zu bestimmten Zeiten geschehen. Mit anderen Worten, es scheint, daß es Zeiten gibt, in denen die Gegenwart Gottes über einer Person „schwebt" oder brütet und die Gnade in einer besonderen Weise verliehen wird, um Sein Angesicht zu suchen. Es gibt ein übernatürliches Ziehen des Geistes Gottes, ähnlich einem Winken zu „kommen" und sich Ihm immer mehr zu nähern. Wenn das Herz eines Menschen abgestumpft oder eingeschläfert ist durch die Sorgen dieser Welt und der Lust des Fleisches, dann werden diese Menschen wahrscheinlich den Tag Seiner Heimsuchung in ihrem Leben nicht erkennen.

Es scheint festgesetzte Zeiten der Ereignisse im Geist zu geben, an denen Gott Sich selbst scheinbar greifbarer macht, damit wir von Ihm schmecken können und mehr wollen, nicht zufrieden sind.

Wenn Gott beschließt, uns einen Teil von Ihm selbst zu offenbaren,
„regt er unseren (geistlichen) Appetit" nach mehr von Ihm an, im wahrsten Sinne des Wortes. Je mehr Zeit wir mit Ihm verbringen, umso größer ist unser Verlangen und Bedürfnis nach Ihm. Seine Gegenwart ist, könnte man sagen, fast „süchtig machend". Du kannst kaum einen Tag ohne Seine Gegenwart verbringen, damit nicht Entzugserscheinungen, wie nagender Hunger, an deiner Seele zehren. Diese Sehnsüchte der Seele können durch nichts zufriedengestellt werden, nur durch Seine Gegenwart.

Manchmal scheint es, als ob Gott sich in eine Art Spiel mit uns einläßt, gleich dem „Versteckspiel". Wie ein irdischer Vater Verstecken mit seinem Kind spielt, so scheint der Vater im Himmel uns zu ermutigen, Ihn zu suchen und Ihn zu finden. Das mag eine etwas befremdliche Auffassung für dich sein, aber erfahrungsgemäß ist dies sehr real für diejenigen, die Ihm aktiv nachgejagt sind.

Kapitel 4

Das geisterfüllte Leben

Die Bibel sagt in Johannes 7,38 (wörtlich aus der englischen NASV-Bible übersetzt) *„Derjenige, der an Mich glaubt, wie die Schrift gesagt hat, aus dessen innersten Sein werden Ströme lebendigen Wassers fließen."'* Der Heilige Geist begehrt ein Werk in uns zu tun, das einen nach außen gehenden Fluß Seiner Kraft zur Folge haben wird, der eine verlorene und sterbende Welt berühren wird. Dieses Kapitel gibt einen Einblick in die unterschiedlichen Arten und Weisen, wie, so ich glaube, der Heilige Geist in uns wirken will und dann durch uns die Nationen segnet.

Das Werk des Heiligen Geistes

Johannes 16, 8 - 11 (Elberfelder)
Und wenn er gekommen ist,
wird er die Welt überführen von Sünde
und von Gerechtigkeit und von Gericht.
Von Sünde, weil sie nicht an mich glauben;
von Gerechtigkeit aber, weil ich zum Vater gehe
und ihr mich nicht mehr seht;
von Gericht aber, weil der Fürst dieser Welt gerichtet ist.

Der Heilige Geist kommt, um die Welt von Sünde zu überführen. Das Wort „überführen" oder Überführung bedeutet: jemanden für schuldig erklären oder „Licht auf etwas scheinen lassen". Licht enthüllt und offenbart das, was sonst verborgen ist. In Johannes 16,9 lesen wir: *„Von Sünde, weil sie nicht an mich glauben."* Damit eine Person zu der rettenden Erkenntnis von Jesus kommt, muß sie zuerst eine Offenbarung darüber haben, daß sie sich in einem sündigen Zustand befindet, sonst wird sie ihr Bedürfnis nach Errettung und nach Gott nicht sehen.

Viele Dinge können einen Menschen davon abhalten sein Bedürfnis nach Gott zu sehen. Eine der häufigsten Antworten ist, daß sie doch ein gutes Leben leben. So argumentieren sie in ihren Gedanken weg, daß Sie Gott und die Errettung nötig haben. Eine weitere typische Antwort ist, daß sie sich wegen der Dinge, die sie getan haben, unwürdig fühlen, sogar ungeeignet, zu erhalten, was Gott für sie hat. Sie laufen von Gott und Seiner Überführung weg, anstatt zu Ihm zu rennen, um Hilfe zu erfahren. Eines der Dinge, die der Heilige Geist enthüllt, ist die Abscheulichkeit der Sünde in ihren Leben gegenüber der Gerechtigkeit und Liebe Christi. Wenn sie erkennen, daß Jesus Christus sie nicht wegen ihrer Sünde ablehnt, sondern willig ist ihnen zu vergeben, dann führt Seine Güte sie zu einem Ort der Buße und Errettung.

„von Gerechtigkeit aber, weil ich zum Vater gehe und ihr mich nicht mehr seht." (Johannes 16,10 Elberfelder) Gerechtigkeit bedeutet, in der richtigen Beziehung mit Gott zu sein, sich nach dem Wort Gottes zu richten und nach dem was Ihm gefällt. Es ist dann, wenn wir Ihn sehen wie Er ist und all das, was Er für uns am Kreuz von Golgatha vollbracht hat. Und daß es uns möglich ist, von Ihm zu empfangen. Der Heilige Geist ist gekommen um uns all das, was Jesus für uns am Kreuz von Golgatha erkauft hat, zu offenbaren und uns zu helfen, dies zu ergreifen.

Wenn wir im Licht laufen, werden die Aspekte unseres Herzens ständig enthüllt, damit sie in Einklang gebracht werden mit Seiner Gerechtigkeit. Er begehrt Jesus als den Weg der Gerechtigkeit zu offenbaren, so daß wir gottgefällig laufen können und mehr wie der Eine werden, den wir lieben und dem wir nachfolgen. Wenn wir uns demütigen und uns seiner liebevollen Überführung ergeben, dem Blut Jesu erlauben uns durch Buße zu reinigen, dann werden wir verändert „von Herrlichkeit zu Herrlichkeit". Ein Prozeß des Ihm immer ähnlicher werden. In 1. Johannes 3,2 (Schlachter) lesen wir: *„Geliebte, wir sind jetzt Kinder Gottes, und noch ist* *nicht offenbar geworden, was wir sein werden; wir wissen aber, daß wir ihm gleichgestaltet sein werden, wenn er offenbar werden wird; denn wir werden ihn sehen, wie er ist."*

Der Heilige Geist kommt, um uns Gott zu offenbaren und all das, was für uns durch Christus und dem Werk auf Golgatha verfügbar ist. Die Offenbarung Gottes ist das Werk des Heiligen Geistes, der in uns arbeitet, damit wir verändert werden. Wir sollen Seinen Charakter, Seine Gegenwart und Seine Kraft haben, die in uns und durch uns als Glaubende fließen. Der Lernprozess Ihn zu kennen und das was Ihn erfreut ist fortlaufend, während wir in unserer Beziehung mit Ihm reifen. Das passiert nicht über Nacht, sondern eher durch ein lebenslängliches Laufen mit dem Herrn.

„von Gericht aber, weil der Fürst dieser Welt gerichtet ist." (Johannes 16,11 Elberfelder) Satan und all seine Dämonen sind bereits gerichtet und der Feuersee ist ihre Bestimmung, die sich am Ende der Zeiten erfüllen wird. Als Jesus am Kreuz starb, zerbrach er die Kraft der Sünde, der Krankheit und des Todes. Die Sünde ist daher schon gerichtet und Erlösung ist das Ergebnis. Das Gericht über Krankheit ist Heilung und göttliche Gesundheit. Und das Gericht über den Tod ist die Auferstehung und das ewige Leben. Der Heilige Geist errettet, heilt, befreit und schützt uns vor der Macht und den Werken des Teufels. Er führt uns zur Buße und gibt uns die Macht, uns zu verändern und in Sein Bild umgeformt zu werden, indem er uns Herrschaft und Macht über die Sünde und den Teufel gibt.

Die Gemeinde Jesu Christi ist verantwortlich, an dem Platz der Autorität zu stehen, den Er uns gab. Wir sollen die Herrschaft Christi über die Sünde, die Krankheit, den Teufel und den Tod durchzusetzen. Wenn wir das Evangelium predigen, werden Krankheit, Gebundenheit und Tod zerstört, wegen des vollendeten Werkes auf Golgatha. *„Dazu ist der Sohn Gottes erschienen, daß er die Werke des Teufels zerstöre."* (1. Johannes 3,8 Schlachter)

Von Herrlichkeit zu Herrlichkeit

Das Bleiben in Gottes Wort, im Gebet und in der Anbetung wird das Werk des Geistes Gottes in unseren Herzen und Leben fördern. Wenn wir unseren Sinn erneuern, indem wir Zeit verbringen über das Wort Gottes nachzudenken, werden unsere Gedanken und Gefühle mit Gottes Wahrheit in Einklang kommen. Dies gibt uns Aufschluß über Seinen Willen für unsere Leben, unsere Umstände, unsere Familien, ja sogar für unsere Zukunft. Wenn wir jeden Tag Gott anbeten, mit Ihm Gemeinschaft haben und Zeit im Wort verbringen, stellen wir unser Herz darauf ein, lebensspendende Offenbarungen zu erhalten, die unsere Herzen und Leben mit Ihm in Einklang bringen.

Laufen mit Gott und Vertrautheit zu jeder Zeit mit Ihm ist unser Ziel. So werden wir Seine Gegenwart in unserem täglichen Leben pflegen.

Hebräer 12, 26 - 29 (Schlachter)
„Noch einmal erschüttere ich nicht allein die Erde,
sondern auch den Himmel!"
Dieses „Noch einmal" deutet aber hin
auf die Beseitigung der Dinge,
die erschüttert werden, als solche,
die erschaffen worden sind,
damit die Dinge bleiben, die nicht erschüttert werden können.
Darum, weil wir ein unerschütterliches Reich empfangen,
laßt uns die Gnade festhalten durch die wir Gott
auf wohlgefällige Weise dienen können
mit Scheu und Ehrfurcht!
Denn unser Gott ist ein verzehrendes Feuer.

Ich bin vielen begegnet, die mir bezeugen: „Seitdem sie das Feuer der Erweckung in Ihren Herzen erlebt haben, scheinen ihre Leben gegenüber Gott erschüttert zu sein".
Sie sagen: „Was passiert mit mir? Ich fühle mich, als ob ich psychisch zusammenbreche."

Wenn wir uns Gott nähern und Er nähert sich uns, beginnen wir eine Zeit zu erleben, die ich „Seelendurchsuchung des Heiligen Geistes" nenne. Im Lichte der Gegenwart und Herrlichkeit Gottes, läßt der Heilige Geist Sein Licht auf Dinge in unserem Leben leuchten, die uns in unserem Liebeslauf mit Ihm behindern wollen. Dieser Reinigungsprozess wird Heiligung genannt. Weil Gott uns liebt, sehnt sich Gott mit heiliger Eifersucht danach, daß wir frei sind von Sünde, Götzen, oder irgendeiner weltlichen Sache, die uns daran hindern will, uns Ihm zu nähern. Er beginnt die versteckten Bereiche unseres Herzens vergrößert zu zeigen und offenbart die Abscheulichkeit unserer sündigen Natur oder Fleisches. Neben Seiner ehrfurchtgebietenden Heiligkeit ist unser sündiges Fleisch abstoßend. Angewidert wundern wir uns: „Oh Gott, ist das wirklich in mir drin?" Die Heilige Geist führt uns zur Buße und dazu, diese Bereiche unserer Herzen und Leben, die uns zum Stolpern bringen oder unseren Lauf mit Ihm behindern Ihm zu überlassen. Gottes Liebe uns gegenüber und unsere Liebe für Ihn helfen uns durch diesen etwas unbequemen und schmerzlichen Prozess hindurch.

Wenn wir uns Gott nähern, fängt Er an alles von unseren Leben, das erschüttert werden kann, lose zu rütteln, damit wir heilig und schuldlos vor Ihm wandeln können. Er wird dich berühren und Veränderung wird in dein Leben kommen. Er paßt sich nicht daran an, wer du bist; Du mußt dich seinem Bild anpassen. Einige von uns versuchen Gott anzupassen an dem wie wir sind. Doch wenn Er uns berührt, müssen wir uns anpassen an dem, wie Er ist. Wo Leben ist, kann der Tod nicht sein. Wo göttliche Gesundheit ist, kann Krankheit nicht sein.

Wo Liebe ist, kann Furcht, Egoismus oder Stolz nicht sein. Gelobt sei der Name Jesus!

Wenn wir in unserer Beziehung mit Ihm tiefer gehen wollen, dann müssen wir es erlauben, daß sich dieses Werk des Heiligen Geistes in unseren Herzen vollzieht.

Ein tieferer Wandel

Oh Gott! Nimm uns hinein in eine tiefere Erfahrung und Beziehung mit Dir! Nimm uns tiefer hinein! Der Heilige Geist ist der Einzige, der dies tun kann. Er ist Derjenige, der dich an der Hand nehmen und sagen wird: „Komm" und dich den Weg weiterführt in die tieferen Dinge in Gott. Wir haben in der Bibel über die Feuertaufe gelesen, den Bereichen der Herrlichkeit, der Anbetung und der Intimität, sowie über die Gemeinschaft mit Gott, wie sie Abraham, Moses, David, Jesus und der Apostel Johannes hatten. Der Heilige Geist ist derjenige, der dies für uns vollbringt.

Jesus sagt zu uns (Johannes 16,13 ff Schlachter): *„...was er (der Heilige Geist) hören wird, das wird er reden, und was zukünftig ist, wird er euch verkündigen. Er (der Heilige Geist) wird mich verherrlichen; denn von dem Meinen wird er nehmen und euch verkündigen. Alles was der Vater hat, ist mein; darum habe ich gesagt, daß er von dem Meinen nehmen und euch verkündigen wird."*

1. Korinther 2, 9 - 11 (Elberfelder)
sondern wie geschrieben steht:
„Was kein Auge gesehen und kein Ohr gehört hat
und in keines Menschen Herz gekommen ist,
was Gott denen bereitet hat, die Ihn lieben."
Uns aber hat Gott es geoffenbart durch den Geist,
denn der Geist erforscht alles, auch die Tiefen Gottes.
Denn wer von den Menschen weiß,
was im Menschen ist, als nur der Geist des Menschen,

der in ihm ist? So hat auch niemand erkannt, was in Gott ist, als nur der Geist Gottes.

Der Heilige Geist wird uns die Gedanken Gottes bekannt machen. Was denkt Gott gerade über dich? Was denkt Er über deine Situation? Was hat Er auf dem Herzen? Was passiert gerade im Himmel? Was tut Gott hier auf der Erde? Mit der Hilfe des Heiligen Geistes können wir die Gedanken Gottes über uns wissen. Er wird sie uns bekannt machen. Er wird die tiefen und geheimen Dinge Gottes offenlegen. *„Wir aber haben nicht den Geist der Welt empfangen, sondern den Geist, der aus Gott ist, damit wir die Dinge kennen, die uns von Gott geschenkt sind."* (1. Kor. 2,12 Elberfelder)

Der Heilige Geist wird zu dir kommen und sagen: „Dies steht für dich bereit! Komm, nimm es, es ist dein." Er wird deine Schritte direkt in die Herrlichkeit Gottes führen, genau in die Tiefen Gottes. Dinge, die *„kein Auge gesehen und kein Ohr gehört hat"*, wird Gott dir durch seinen Heiligen Geist offenbaren und dich fähig machen, diese zu erfahren.

Er wird den Sünder zu sich ziehen und ihm die Erlösung zeigen. Er wird zu dem Kranken kommen und sagen: „Du mußt nicht mehr krank sein; durch die Striemen Jesu bist du geheilt." Und zu einem anderen wird Er sagen: Du mußt nicht mehr an dieser Depression leiden, denn Jesus kam um die Gefangenen freizusetzen und um das Freudenöl denen zu geben die trauern ..." Und dann wird Er zu dir kommen und sagen: „Du kannst die Herrlichkeit Gottes erfahren. Du kannst die Wunder Seiner Freude, Seines Friedens und Seiner Gerechtigkeit erleben. Du kannst erfahren, was Jesus gerade jetzt vorhat."

Nochmal sagt das Wort Gottes: *„Uns aber hat Gott es geoffenbart durch den Geist..."* Mit anderen Worten: Er wird es dich wissen lassen. Er wird dich daran teilhaben und es dich

erleben lassen. Der Heilige Geist ist derjenige, der für uns die notwendige Brücke zwischen dem Himmel und der Erde schlägt. Er ist Gott. Wenn du in Seine Gegenwart hineintrittst, schreitest du in die Bereiche der Herrlichkeit.
Er wird dir die Dinge zeigen, die uns geschenkt werden. Jesus hat Seinen Jüngern gesagt:

Johannes 14, 16 - 17 (Elberfelder)
Und ich werde den Vater bitten, und er wird euch einen anderen Beistand geben, daß er bei euch sei in Ewigkeit,
den Geist der Wahrheit,
den die Welt nicht empfangen kann,
weil sie ihn nicht sieht, noch ihn kennt.
Ihr kennt ihr, denn er
bleibt bei euch und wird in euch sein.

Johannes 16, 12 - 15 (Elberfelder)
Noch vieles habe ich euch zu sagen,
aber ihr könnt es jetzt nicht tragen.
Wenn aber jener, der Geist der Wahrheit, gekommen ist,
wird er euch in die ganze Wahrheit leiten;
denn er wird nicht aus sich selbst reden,
sondern was er hören wird, wird er euch verkündigen.
Er wird mich verherrlichen, denn von dem Meinen wird er nehmen und euch verkündigen.
Alles, was der Vater hat, ist mein; darum sagte ich, daß er von dem Meinen nimmt und euch verkündigen wird.

Der Heilige Geist wird uns in die tieferen Tiefen Gottes hineinnehmen. Er ist der Schlüssel. Jesus ist der Weg, doch der Heilige Geist ist derjenige, der uns den Weg entlang führen wird. Jesus ist die Wahrheit, doch der Heilig Geist ist Derjenige, der kommen und die Wahrheit zeigen wird. Jesus ist das Leben, doch der Heilige Geist ist Derjenige, der kommen und dir das Leben geben und es dir zugänglich machen wird. Er ist unser Helfer.

Kannst du das Arbeitsverhältnis sehen? Er wird uns hineinnehmen in die Tiefen Gottes. Er wird Jesus realer für uns machen. Er wird die Intimität bringen, nach der wir uns sehnen. Eine Beziehung mit der dritten Person der Dreieinigkeit zu entwickeln ist der Schlüssel.

Barmherzigkeit setzt Kraft frei

Römer 5, 5 (Elberfelder)
die Hoffnung aber läßt nicht zuschanden werden,
 denn die Liebe Gottes ist ausgegossen in unsere Herzen
 durch den Heiligen Geist, der uns gegeben worden ist.

Der Heilige Geist begehrt ein Werk in deinem Inneren zu tun, welches eine Liebe für die Menschen zur Folge hat. Du wirst das Herz Jesu erfahren und haben, wenn der Heilige Geist dein Herz mit Seiner Liebe für die Menschen erfüllt. Christi Liebe und Barmherzigkeit wird dein Herz erfüllen. Kein Opfer wird als zu groß erscheinen, damit Erlösung, Heilung und Befreiung zu den Menschen dieser Welt kommen können, für die Christus gestorben ist. Die Liebe Gottes wird in dir zunehmen und wie Paulus wirst du sagen: „Die Liebe Gottes beherrscht mich. Ich muß lieben. (Umschreibung)

2. Korinther 5, 14 - 15, 20
(Schlachter; Vers 20 wörtlich übersetzt aus dem Englischen)
Denn die Liebe des Christus drängt uns,
da wir davon überzeugt sind:
Wenn einer für alles gestorben ist,
so sind sie alles gestorben;
und er ist deshalb für alles gestorben, damit die, welche leben, nicht mehr für sich selbst leben, sondern für den,
der für sie gestorben und auferstanden ist.

> Daher sind wir nun Botschafter für Christus,
> und zwar so, daß Gott selbst durch uns appelliert:
> Wir bitten euch stellvertretend für Christus:
> Laßt euch versöhnen mit Gott.

Du wirst anfangen die Menschen zu lieben und sie mit den Augen und dem Herzen Gottes zu sehen. Wenn du dich denen näherst, die an Schmerzen, Armut oder Niedergeschlagenheit leiden, wird das Erbarmen Gottes dich dazu treiben, die Nachricht der Hoffnung, Liebe und Befreiung mitzuteilen. Du wirst in Zeiten des Gebets hineingehen, in welchen du für die Verlorenen weinen wirst, daß sie zur rettenden Erkenntnis Jesu Christi kommen. Wenn du das Leiden und die Schmerzen siehst, die in der Welt vorkommen, bricht es dir das Herz. Du begreifst und sagst: Oh Gott, wie konnte ich nur so viel für selbstverständlich halten!"

Seine Liebe und Seine Barmherzigkeit wird in dir aufsteigen und dazu drängen zu handeln. In 1. Johannes 4, 7-8 (Elberfelder) heißt es: *„Geliebte, laßt uns einander lieben! Denn die Liebe ist aus Gott; und jeder, der liebt, ist aus Gott geboren und erkennt Gott. Wer nicht liebt, hat Gott nicht erkannt, denn Gott ist Liebe."*
Gott ist Liebe, daher ist Liebe mächtig! Liebe wird dich dazu drängen, dein Leben für andere niederzulegen. *„Größere Liebe hat niemand als der, daß er sein Leben hingibt für seine Freunde."* (Johannes 15,13 Elberfelder) Die Bibel sagt, daß es kein Gesetz gibt gegen die Liebe. (Galater 5,23 Schlachter) Liebe ist ein Gesetz in sich selbst. Alles ist beherrscht und gesteuert durch die Liebe Gottes. Auch Glaube ist wirksam durch die Liebe (Galater 5,6 Schlachter)

Ebenso wie Jesus, der unser Hohepriester ist, der in Ewigkeit an der Rechten Gottes für uns Fürsprache einlegt, so sind auch wir Priester Gottes. Die kommen und vor seinem Thron anbeten, die in den Riss treten, die um der Menschheit willen Gebete und Fürbitte leisten. Das Herz Jesu sehnt sich danach, daß Seelen errettet werden. Du kannst dich mit dem Schrei Seines Herzens identifizieren, die Menschheit auch freigesetzt zu sehen. Beten mit dem Herzen Jesu bedeutet, sich mit Ihm zu identifizieren und wie Er die Dinge sieht. Wenn du für eine Person betest, kannst du dich mit dem Herzen Jesu für diese Person identifizieren. Es gab Zeiten in denen ich für Menschen mit großen Nöten in ihren Leben gebetet habe und ganz plötzlich fing ich auf einmal an zu weinen. Ich begann zu fühlen, was Jesus über sie oder ihre Situationen empfand. In anderen Erfahrungen während des Gebets, füllte große Freude mein Herz. Ich identifizierte mich genau in diesem Moment mit den Gefühlen Gottes.

Obwohl dies ein emotionales Erlebnis ist, ist dies auch ein geistliches Gesetz. Ist das nicht interessant? Dies ist die Brücke zwischen deinem natürlichen und deinem geistlichen Menschen. Obwohl es in der Seele beginnt, wenn du betest: „Oh Jesus, schau auf diese Not!" gibt es plötzlich eine göttliche Verbindung mit deinem Herzen und Glaube steigt auf, um mit Seinem Herzen und Seinem Sinn, hinsichtlich dieser Situation, zu beten.

Psalm 126, 5 - 6 (wörtliche Übersetzung aus dem Englischen)
Die mit Tränen säen werden mit Freude ernten.
Derjenige der beständig weinend vorangeht,
Samen zum Säen tragend,
wird zweifelsohne jubelnd wiederkommen,
seine Garben mitbringend.

Beten mit dem Herzen Jesu ist das Werk des Heiligen Geistes in unseren Leben. Das ist wirklich mächtig! Es ist dazu da, damit du den Glauben, die Freude, die Erkenntnis und die überwältigende Kraft des Heiligen Geistes in dir erfährst. Es mag Zeiten des Weinens und der Trauer geben, aber die mit Tränen säen, werden mit Jubel und Sieg ernten.

Barmherzigkeit setzt Kraft frei. *"Als nun Jesus ausstieg, sah er eine große Menge; und er erbarmte sich über sie und heilte ihre Kranken."* (Matthäus 14, 14) Jesus weinte, als er zum Grab des Lazarus geführt wurde. Liebe und Barmherzigkeit überfluteten Jesu Herz und die Auferstehungskraft wurde freigesetzt, die Lazarus aus den Klauen des Todes befreite. (Siehe Johannes 11, 32-44)
Erbarmen setzt einen göttlichen Fluß des Geistes vom Herzen Gottes frei, der Wunder nach sich ziehen kann.

Bete im Geist

Gott hat uns ein sehr spezielles Hilfsmittel gegeben, als wir im Heiligen Geist getauft wurden: eine Gebetssprache oder sogenannte „Zungen". Unser geistlicher Mensch wird aufgebaut und verändert, wenn wir im Heiligen Geist beten. Das Buch Judas ermahnt uns ganz deutlich im Vers 20 (Elberfelder): *„Ihr aber Geliebte, erbaut euch auf eurem heiligsten Glauben, betet im Heiligen Geist,"* Paulus schreibt im 1. Korinther 14, 4 (Luther): *„Wer in Zungen redet, der erbaut sich selbst; wer aber prophetisch redet, der erbaut die Gemeinde."* Erbauen bedeutet: aufrichten oder bilden (im Sinne von Ausbilden, Lehren. Anmerkung des Übersetzers) Dies ist ein wichtiger Gesichtspunkt bei der Erfüllung mit dem Geist. Beten in Zungen erbaut, stärkt, lehrt und richtet uns in unserem inneren geistlichen Menschen auf. Es steigert unseren Glauben.

Paulus erklärt in 1. Korinther 14, 18 (Schlachter): *„Ich danke meinem Gott, daß ich mehr in Sprachen rede als ihr alle...."* Da Paulus eine große Menge an Offenbarungen empfing (siehe 2. Korinther 12, 7), durch die er viel vom Neuen Testament schreiben konnte, muß er etwas Besonderes über das Beten im Geist gewußt haben, das er selbst so oft anwandte.
Er ermahnt uns auch in Kolosser 4,2 (Schlachter) *„Seid*

ausdauernd im Gebet und wacht darin mit Danksagung."
und in 1. Thessalonicher 5, 17 (Schlachter) *„Betet ohne Unterlaß!"*
und Epheser 6, 18 (Schlachter) *„ indem ihr zu jeder Zeit betet mit allem Gebet und Flehen im Geist, und wacht zu diesem Zweck in aller Ausdauer und Fürbitte für alle Heiligen."*

Ohne die Salbung des Heiligen Geistes und Seine Hilfe durch diese persönliche Gabe des Betens in Zungen, wie könnten wir wohl diese Schriftstellen gerecht werden? Deshalb glaube ich, daß uns Paulus ermahnt, diese Gabe oder dieses Hilfsmittel anzuwenden.
Da der Geist unsere Herzen erforscht und alle Dinge weiß, hilft Er uns beten:

Römer 8, 26 - 27 (Schlachter)
Ebenso kommt aber auch der Geist
unseren Schwachheiten zu Hilfe.
Denn wir wissen nicht, was wir beten sollen,
wie sich´s gebührt; aber der Geist selbst tritt für uns
ein mit unaussprechlichen Seufzern.
Der aber die Herzen erforscht, weiß, was das Trachten des
Geistes ist; denn er tritt für die Heiligen so ein,
wie es dem Willen Gottes entspricht.

Durch den Heiligen Geist können wir das perfekte Gebet, den vollendeten Willen Gottes, in eine Situation oder in das Leben eines Menschen hineinsprechen und dies auch bei uns selbst tun. Durch das Beten im Geist erbauen, stärken und richten wir unseren Glauben und unseren Geist auf. Wir beten den Willen Gottes für unser Leben und für unsere Lebenslagen. Wir richten uns nach den Absichten Gottes und seinem Willen für uns aus. Wir lassen es zu, daß unser Verstand erneuert wird, damit wir den Sinn Christi haben. Wir arbeiten auf diese Weise mit dem Heiligen Geist zusammen, der uns von Herrlichkeit zu Herrlichkeit verändert.
Anbetung ist der Treibstoff um einen gebets- und geisterfüllten

Lauf vor dem Herrn aufrecht zu erhalten. Wir pflegen beständig eine dankbare und verehrende innere Einstellung gegenüber Gott, und richten unsere Herzen auf Ihn aus, während wir beten.

Heile die Kranken

Markus 16, 17 - 18 (Elberfelder)
Diese Zeichen aber werden denen folgen, die glauben:
In meinem Namen werden sie Dämonen austreiben;
sie werden in neuen Sprachen reden,
werden Schlangen aufheben,
und wenn sie etwas Tödliches trinken,
wird es Ihnen nicht schaden;
Schwachen werden sie die Hände auflegen,
und sie werden sich wohl befinden.

Wenn der Heilige Geist auf euch kommt, werdet ihr *Kraft* empfangen, um Zeugen Jesu für die Welt zu sein. Die Definition von „Kraft" findet man im Strongs Greek Dictionary (Strongs Lexikon für Griechisch) wie folgt: dunamis = Kraft; besondere wunderwirkende Kraft (gewöhnlich als logische Schlußfolgerung, ein Wunder selbst): Befähigung, Überfluß, Bedeutung, Macht, (mächtige Tat), (Vollbringer von) Wundertat(en), Macht, Stärke, Gewalt, mächtiges (wundervolles) Werk. Diese „dunamis" oder Stärke wie Dynamit wird uns mit der Taufe im Heiligen Geist verliehen, damit wir Seine Zeugen sein können und die Taten tun können, die er uns befohlen hat. *Gott wünscht sich, daß niemand krank ist. Heilung ist das Recht für uns, die Erlösten, für welches am Kreuz bezahlt wurde:*

Jesaja 53, 5 (Schlachter)
Doch er wurde um unserer Übertretungen willen durchbohrt,
wegen unserer Missetaten zerschlagen;
die Strafe lag auf ihm,
damit wir Frieden hätten,
und durch seine Wunden sind wir geheilt worden.

Psalm 107, 20 (Schlachter)
Er sandte sein Wort und machte sie gesund
und ließ sie ihren Gräbern entrinnen.

Matthäus 8, 16 - 17 (Schlachter)
Als es aber Abend geworden war,
brachten sie viele Besessene zu Ihm,
und er trieb die Geister aus mit einem Wort
und heilte alle Kranken,
damit erfüllt würde, was durch den
Propheten Jesaja gesagt ist, der spricht:
„Er hat unsere Gebrechen weggenommen
und unsere Krankheiten getragen".

Matthäus 12, 15 (Elberfelder)
Als aber Jesus es erkannte, entwich er von dort;
und es folgten ihm große Volksmengen,
und er heilte sie alle.

Matthäus 15, 30 (Schlachter)
Und es kamen große Volksmengen zu ihm,
die hatten Lahme, Blinde, Stumme,
Krüppel und viele andere bei sich. Und sie legten sie zu
Jesu Füßen, und er heilte sie.

Es ist ohne Bedeutung wer du bist, wie jung du bist, ob du Mann oder Frau bist, wenn du ein durch das Blut Jesu gewaschener, wiedergeborener, an Jesus Glaubender bist, dann bist du dafür qualifiziert. Der Heilige Geist wird uns lehren, daß Krankheit nicht von Ihm ist und daß sie aus den Leben der Menschen ausgetrieben werden soll. Wir werden stufenweise in ein größeres Maß an Verständnis Gottes und Seiner Kraft, Kranke zu heilen, wachsen.

Er wird uns die Kraft geben Kranke zu heilen. *„Diese Zeichen aber werden denen folgen, die glauben; Schwachen werden sie die Hände auflegen und sie werden sich wohl befinden."* Wenn der Heilige Geist auf einen Gläubigen kommt, empfängt er Kraft die Kranken zu heilen, Wunder zu vollbringen, Zeichen und übernatürliche Ereignisse zu tun.

Das ist der Schlüssel *„Wenn der Heilige Geist auf uns kommt, empfangen wir Kraft."* (Apostelgeschichte 1,8 wörtlich übersetzt)

Herrschaft über Dämonen

Philipper 2, 9 - 11 (Elberfelder)
Darum hat Gott ihn auch hoch erhoben und Ihm den Namen verliehen, der über jeden Namen ist,
damit in dem Namen Jesu jedes Knie sich beuge,
der Himmlischen und Irdischen und Unterirdischen,
und jede Zunge bekenne, daß Jesus Christus Herr ist,
zur Ehre Gottes des Vaters.

Wir haben Autorität, als wiedergeborene Gläubige, die Herrschaft über Dämonen auszuüben und sie auszutreiben. Dies sind starke Worte, nicht wahr? Jesus verkündet uns: *„Siehe, ich gebe euch die Vollmacht, auf Schlangen und Skorpione zu treten, und über alle Gewalt des Feindes; und nichts wird euch in irgendeiner Weise schaden."* (Lukas 10,19 Schlachter)

Uns ist diese Autorität in dem Namen Jesus gegeben worden, dem Namen über allen Namen. Es ist nicht nur irgendein Name, sondern es ist der NAME ÜBER ALLEN NAMEN! Jesus Christus hat folglich die Autorität über alles, was einen Namen hat. Wenn also der Name Jesus auf den Namen

„Krankheit" trifft, welcher muß sich dann beugen? Wenn der Name Jesus auf den Teufel stößt, wer muß sich beugen?

Ich erinnere mich an eine Begebenheit in Costa Rica vor ein paar Jahren. Bei mehreren Teenagern begannen sich Dämonen zu manifestieren. Sie wurden in einen anderen Raum im hinteren Teil der Gemeinde geführt. Mehrere Männer mußten sie festhalten, denn sie waren wild und außer Kontrolle.

Die Jungen sprachen natürlich nur Spanisch. Sie konnten nicht ein Wort Englisch sprechen. Allerdings, als die Dämonen sich zu manifestieren begannen, sprachen sie im perfekten Englisch zu uns. Tatsächlich verfluchten uns die Dämonen in einem amerikanischen Dialekt. Kannst du das glauben? Das war echt merkwürdig.
Ich sagte zu ihnen: „Im Namen Jesus, kommt aus ihnen raus!"

Die Dämonen erwiderten scharf: „Ich werde nicht rauskommen! Du wirst mich nicht austreiben!" Ich sprach direkt zu ihnen: „Im Namen Jesus treibe ich euch aus!" Sofort waren die Jungen freigesetzt und wurden zur Errettung geführt.

Es ist Kraft im Namen Jesus, weil Sein Name die Autorität des Werkes von Golgatha trägt, wo Jesus die Werke des Teufels zerstörte. Sein Name umfasst alles, was Er für uns ist, war und sein wird. Es wurde bezahlt am Kreuz.

Hebräer 2, 14 - 15 (Schlachter)
Da nun die Kinder an Fleisch und Blut Anteil haben,
ist er gleichermaßen dessen teilhaftig geworden,
damit er durch den Tod den außer Wirksamkeit setzte,
der die Macht des Todes hatte, nämlich den Teufel,
und damit alle diejenigen befreite,
die durch Todesfurcht ihr ganzes Leben hindurch
in Knechtschaft gehalten wurden.

Weißt du, manchmal vergessen wir das. Wir verlieren unsere Offenbarung über die Kraft, die im Namen Jesus ist. Laßt uns das nicht verlieren, was in diesem Namen ist, weil Er uns zu sehr vertraut. Es ist Kraft in diesem Namen.
Die Bibel teilt uns auch mit, daß „Kraft im Blut des Lammes" ist. Erinnere dich, wir sprechen über die Autorität, welche über die Herrschaft der Dämonen auszuüben ist, indem wir sie austreiben. Es ist Kraft im Blut. Warum? Weil die Kraft des Blutes den Bund darstellt, den Gott zwischen der Menschheit und sich selbst gemacht hat.

Das Blut wird zwei Dinge vollbringen. Es wird dich reinigen und dich schützen. Das Blut Jesu, vergossen am Kreuz auf Golgatha, repräsentiert das Leben und die Kraft Gottes. Das Blut steht für Leben, es ist Leben im Blut. Also wenn du sagst „das Blut", dann mußt du wissen, worüber du da gerade sprichst. Du sprichst über die Gegenwart und Kraft Gottes.

Das Blut stellt das Leben dar, weil es die Versöhnung der Menschheit mit Gott repräsentiert. Jesus, der am Kreuz starb, war das endgültige und perfekte Opfer, vollbracht vom Sohn Gottes für die Sünden der Menschheit. Als Jesus Sein Blut am Kreuz vergoß war dies das Zeichen des Bundes zwischen Gott und dem Menschen. Es gibt nichts Stärkeres als den Bund, den Gott zwischen dem Menschen und sich selbst gemacht hat. Er besagt, daß Gott ein Versprechen durch zwei unveränderbare Dinge hinsichtlich dieses Bundes gemacht hat. Er versprach es bei Sich selbst. Es gibt keinen Größeren als Ihn und Er schwor es bei Sich selbst.

Und die zweite Sache ist: „Gott ist nicht ein Mensch, daß er lüge." (4. Mose 23,19 Schlachter) Gott kann nicht lügen. Also mußt du verstehen, wenn du über das Blut redest, daß Kraft im Blut ist. Der ganze Himmel und die ganze Erde und alle Dinge unter der Erde anerkennen die Kraft im Blut. Es ist eine mächtige Sache.

1. Johannes 3, 8 (Schlachter)
Dazu ist der Sohn Gottes erschienen,
daß er die Werke des Teufels zerstöre.

Schon im Alten Testament, als sie das Blut auf die Zehe, den Daumen und das Ohr strichen, salbten sie es. Also repräsentiert das Blut die Autorität in der Salbung zu laufen. Warum? Als wiedergeborener Gläubiger, wurde das Blut des Lammes auf dein Leben angewandt. Wenn du nun dem Teufel gegenüberstehst, was sieht er? Er sieht das Blut Jesu Christi und er ist wie versteinert! Mit anderen Worten: das Blut markiert dich und identifiziert dich als denjenigen, der das legale Recht hat die Kraft Gottes auszuüben. Das jagt dem Teufel richtig Angst ein. Du hast das legale Recht, die Kraft Gottes auszuüben und nicht nur das: Du bist das Eigentum des Herrn Jesus Christus! Du bist Gottes Eigentum und Er wacht eifersüchtig über die Seinen, über diejenigen, die zu Ihm gehören. Du gehörst dir nicht selbst und der Teufel weiß das. So haben wir diese zwei Wahrheiten betreffend der Herrschaftsausübung über Dämonen, durch die wir sie austreiben. Die Autorität des Namens Jesus und die Kraft des Blutes des Lammes.

Predigen mit Vollmacht

Markus 16, 15 - 20 (Schlachter)
Und er sprach zu ihnen:
Geht hin in alle Welt und verkündigt das Evangelium der
ganzen Schöpfung ...
Diese Zeichen aber werden die begleiten,
die gläubig geworden sind:
In meinem Namen werden sie Dämonen austreiben,
sie werden in neuen Sprachen reden,
Schlangen werden sie aufheben,
und wenn sie etwas Tödliches trinken,
wird es ihnen nichts schaden;

Kranken werden sie die Hände auflegen,
und sie werden sich wohl befinden.
Sie aber gingen hinaus und verkündigten überall;
und der Herr wirkte mit ihnen
und bekräftigte das Wort durch die begleitenden Zeichen.

Ein wichtiger Punkt für das Werk des Heiligen Geistes ist, daß Erwartung und Vertrauen da sein muß, damit Gott es mit Seiner Kraft unterstützen wird. Wenn das Wort Gottes gepredigt wird, wacht der Heilige Geist darüber, es zu erfüllen. Wenn du das Wort Gottes sprichst, wird Er es bestätigen.

In Apostelgeschichte 2, 37-38 (Schlachter) lesen wir: *„Als sie aber das hörten, drang es ihnen durchs Herz, und sie sprachen zu Petrus und den übrigen Aposteln: Was sollen wir tun, ihr Männer und Brüder? Da sprach Petrus zu ihnen: Tut Buße, und jeder von euch lasse sich taufen auf den Namen Jesu Christi zur Vergebung der Sünden; so werdet ihr die Gabe des Heiligen Geistes empfangen."* Wir lesen, daß als Petrus das Wort predigte, der Heilige Geist auf die Zuhörer fiel. Es „drang ihnen ins Herz". Die Überführung Gottes fiel auf sie. Das Ergebnis seiner Predigt an diesem Tag war, daß 3000 Menschen errettet wurden.

In Apostelgeschichte 10, 44-46 teilte Petrus Kornelius und den Heiden das Wort mit und er war mitten in seinem Dialog, als der Heilige Geist auf sie fiel: *„Während Petrus noch diese Worte redete, fiel der Heilige Geist auf alle, die das Wort hörten. Und alle Gläubigen aus der Beschneidung, die mit Petrus gekommen waren, gerieten außer sich vor Staunen, daß die Gabe des Heiligen Geistes auch über die Heiden ausgegossen wurde. Denn sie hörten sie in Sprachen reden und Gott hoch preisen."*

Dies ist eine wunderbare Wahrheit, die mit dem Predigen des Wortes Gottes verbunden ist. Er wird Sein Wort bestätigen. Bei vielen Anlässen, während ich das Evangelium predigte, fiel

die Kraft des Heiligen Geistes plötzlich. Ich hörte auf zu predigen und wurde einfach ein Zeuge, wie Gott sich mit Zeichen und Wundern bewegte. Viele Leben wurden berührt und verändert.
Markus 16,20 offenbart, daß die Jünger gingen und das Wort predigten, und Gott bestätigte das Wort mit Zeichen und Wundern. Vertraue Gott, daß Er Sein Wort in dir und durch dich bestätigt, denn wir sollten immer eine Erweisung von Gottes Kraft, die sein Wort bestätigt, erwarten. Paulus spricht zu den Korinthern auf diese Weise:

1. Korinther 2, 1 - 5 (Schlachter)
So bin auch ich, meine Brüder, als ich zu euch kam,
nicht gekommen, um euch in hervorragender Rede
oder Weisheit
das Zeugnis Gottes zu verkündigen.
Denn ich hatte mir vorgenommen,
unter euch nichts anderes zu wissen
als nur Jesus Christus, und zwar als Gekreuzigten.
Und ich war in Schwachheit und mit viel Furcht
und Zittern bei euch.
Und meine Rede und meine Verkündigung
bestand nicht in überredenden Worten menschlicher Weisheit,
sondern in Erweisung des Geistes und der Kraft,
damit euer Glaube nicht auf Menschenweisheit beruhe,
sondern auf Gottes Kraft.

Bedenke dies, wenn du zu jemanden kommst und sagst: „Jesus liebt dich. Er starb am Kreuz für dich." Was passiert dann? Die Kraft Gottes kommt auf ihn und es ist Überführung da. Ein weiteres Beispiel: Du kommst zu den Menschen und sagst: „Ihr müsst nicht mehr unter dieser Krankheit und diesem Gebrechen leiden. Jesus wird euch freisetzen." Die Kraft Gottes berührt sie und heilt sie. Du siehst, es geht nicht nur darum das Wort Gottes zu einer Versammlung zu predigen, sondern es spricht zu Einzelpersonen.

Nichts passiert automatisch, sondern geistliche Energie ist nötig, damit es zustande kommt. Da wir nach seinem Bild geschaffen sind, ist das lebendige Wort, wenn wir es aussprechen, kreativ. Der Heilige Geist war die schöpferische Kraft Gottes, die sich über der Tiefe bewegte, und als Gott (Christus) sprach „Es werde Licht!", führte der Heilige Geist das ausgesprochene Wort Gottes aus. Wenn wir im Geist wandeln, Sein Wort für einen Menschen oder eine Situation aussprechen, wacht die schöpfende Kraft von Gottes Heiligem Geist über dem Wort und bringt die Veränderung, Heilung, Befreiung und die Offenbarung Gottes in die Situation.

Verändert durch Seine Gegenwart

In Seiner Gegenwart werden wir von innen heraus verändert. Mose hatte am brennenden Busch ein Erlebnis mit der Kraft Gottes. Diese Begegnung mit dem lebendigen Gott veränderte ihn von einem ängstlichen Mann, der um sein Leben lief, zu einem Leiter und Befreier des Volkes Israel.

Jeremia war jung und unsicher darin, wer er in Gott war. Er hatte kein Zutrauen für Gott zu sprechen, jedoch nach seinem Erlebnis mit der Kraft Gottes sprach er mit großer Kühnheit.

Im Buch der Apostelgeschichte sehen wir, wie Saulus von Tarsus rücksichtslos die Gläubigen in Christus verfolgte, sie ins Gefängnis steckte, oder sie steinigte usw. Auf seinem Weg in die Stadt Damaskus, um seine Verfolgung der fliehenden Christen fortzusetzen, begegnete er Jesus Christus. Vom Pferd geworfen durch die Kraft Gottes und erblindet von dem Licht Seiner herrlichen Gegenwart, wurde das Leben des Saulus völlig auf den Kopf gestellt. Dieses eine Erlebnis mit der Kraft Gottes veränderte sein Herz und den Verlauf seines Lebens vollkommen. Gott demütigte ihn und offenbarte ihm die Wahrheit in Person. Er wurde an der Hand nach

Damaskus geführt, wo ein Jünger dem Saulus diente und ihm prophezeite, daß er für Christus leiden und das Evangelium den Heiden verkündigen würde. Nicht nur sein Sehvermögen wurde wiederhergestellt, sondern auch sein Herz und sein Leben. Sein Name wurde geändert in Paulus und aus dem Verfolger der Gläubigen wurde jemand, der von Gott mächtig benutzt wurde, um das Evangelium den Heiden zu predigen. Viele Leben wurden berührt und verändert durch das Leben und den Dienst des Apostel Paulus, und alles fing mit seinem Erlebnis der Kraft Gottes auf der Straße nach Damaskus an.

Am Pfingsttag warteten 120 Gläubige auf die Person des Heiligen Geistes, damit Er auf sie kommen und sie erfüllen würde, wie Jesus versprochen hatte. Erstaunlicherweise stand nach dieser Begegnung mit dem Heiligen Geist der gleiche Petrus, der Jesus dreimal verleugnet hatte, auf und verkündete mit großer Kühnheit das Evangelium des Herrn Jesus Christus der Menschenmenge. 3000 Menschen wurden an diesem Tag errettet! Petrus und die anderen Jünger wurden verändert, als die Kraft des Allerhöchsten auf sie kam.

Als wiedergeborene Gläubige brauchen wir alle unser persönliches Pfingsten. Eine Erfahrung mit der Kraft des Heiligen Geistes. Pfingsten ist keine Konfession, oder gar der Dienst von irgend jemanden, sondern eine Begegnung mit dem Heiligen Geist. Er wird uns erfüllen und es uns durch Seine Gnade ermöglichen, Sieg in diesem Leben zu haben und mutige Zeugen unseres Glaubens in dieser Welt zu sein.

Wenn wir Zeit in Seinem Wort und Seiner Gegenwart verbringen, fangen wir an Ihn immer klarer zu sehen und werden mit Seiner Liebe erfüllt. Wenn wir uns immer tiefer verlieben in den König der Könige, ist unser Verlangen und die Salbung unseres Herzen Ihn zu kennen und so zu sein wie Er. Unsere Leidenschaft und unser Verlangen ist mit Ihm zusammen zu sein und so werden wir verändert in Seiner Gegenwart. *Es ist ein Arbeiten des Heiligen Geistes am Inneren, welches einen Fluß Seiner Natur, Gegenwart und Kraft nach Außen in unsere Leben zur Folge hat.*

Hindernisse zu seiner Gegenwart

Matthäus 7, 21 (Schlachter)
Nicht jeder, der zu mir sagt:
Herr, Herr! wird in das Reich der Himmel eingehen,
sondern wer den Willen meines Vaters im Himmel tut.

Willst du wissen, was der Schlüssel für den Sieg und den Durchbruch im christlichen Leben ist? *„Nicht mein Wille, sondern Dein Wille geschehe, oh Herr."* (Matthäus 6,10 wörtlich übersetzt) Wenn Gott spricht, sagen wir dann: „Ja, Herr" und lassen es zu, daß Sein Wille zu unserem wird? Oder ist unsere Antwort: „Nein, Ich will es auf meine Art und Weise tun!" und dann kämpfen wir um das Eigentumsrecht in unseren Leben? Dem Willen des Vaters zu widerstehen kann ein Problem sein, mit dem wir uns auseinandersetzen müssen, der eine mehr, der andere weniger, denn diese Herzenshaltung wird die Gegenwart und Kraft Gottes in unseren Leben behindern.

Wenn Gott bestimmte Menschen berührt, gibt es in ihren Herzen oder Leben keine Veränderung. Warum? Weil sie gesagt haben: „Ich will es auf meine Art und Weise tun!" Was antwortest du Ihm? Obwohl wir damit ringen mögen, laßt uns dazu neigen zu sagen: „Herr, obwohl mein Fleisch schreit und

Panik schiebt und ich widerstehen will, werde ich gehorchen!". Wenn Gott uns sagt, „Vergebe", dann sollten wir mit ihm übereinstimmen, anstatt Seiner Liebe zu widerstehen. Vergeben wir denen, die uns beleidigt oder verletzt haben. Heilung und Wiederherstellung werden kommen, wenn wir „Ja" sagen zu Seiner Liebe. Er wird uns helfen diese Hindernisse zu überwinden, wenn wir Ihm unsere Herzen und Leben geben. Und Er wird mit uns sein, während wir durch diese Dinge durchgehen.

Geistliche Trockenheit wird einsetzen, wenn wir nicht willens sind, die Kontrolle über unser Leben Gott zu geben. Hesekiel 37, 1-11 verweist auf die vertrockneten Knochen Israels, die verstreut im Tal liegen. Gott fragt Hesekiel: *„Können diese Knochen wieder lebendig werden?"* Hesekiel ist verblüfft über diese Frage, während er auf dieses Tal mit den trockenen Knochen schaut. Er antwortet aufrichtig: *„Nur du weißt es; Herr."*

Was ist die Botschaft, die wir von dieser Vision der vertrockneten Knochen erfassen müssen? Dies war ein Bild von Gottes Volk, den Israeliten, die ihre Beziehung mit Gott verloren hatten. Wegen Stolz, Götzendienst, Rebellion und Ungehorsam war der Geist Gottes nicht in Ihrer Mitte gegenwärtig. Folglich waren sie geistlich unfruchtbar, leblos und ohne Hoffnung. Gott hat ihnen, genau genommen, widerstanden! (Jakobus 4,6) „Trockene Knochen" sprechen daher von dem trockenen leblosen Zustand eines Herzens aufgrund von Herzenshärte und Stolz.

König David sagte in Psalm 51,10 (Schlachter): *„Laß mich Freude und Wonne hören, damit die Gebeine frohlocken, die du zerbrochen hast."* Waren Davids Knochen tatsächlich gebrochen? Nein. David freute sich, als die Zerbrochenheit in sein Herz kam, denn in dieser Lage fand er Gottes Vergebung, Gnade und den Durchbruch in seiner Beziehung mit Gott. Als er von Herzen demütig und reumütig war, stellte er fest, daß ihm das Leben und die Gunst Gottes wieder gegeben wurde. Er war völlig abhängig von seiner Beziehung mit Gott. Er war ein „Mann nach dem Herzen Gottes".

Apostelgeschichte 13, 22 (Schlachter)
„...erweckte er ihnen David zum König,
von dem er auch Zeugnis gab und sprach:
„Ich habe David gefunden, den Sohn des Isai,
einen Mann nach meinem Herzen,
der meinen Willen tun wird."

Gott hat einen Plan und ein Ziel! Laßt uns mitmachen! Bringen wir unsere Leben, unsere Finanzen, unsere Ehen, unsere Gesundheit, unsere Kinder, unsere Firmen und was es auch immer sein mag, mit seinem Wort und Seinem Willen in Einklang und wir werden Sein überfließendes Leben finden.

Wenn du geistlich trocken bist, frage dich: „Widersetze ich mich in irgendeinem Bereich meines Lebens Gott? Gibt es Sünde oder Ungehorsam in meinem Leben?" Die Gnade Gottes wird einem Herzen, das Gott ergeben ist, nachfolgen und es mit Vollmacht versehen.

Wenn du Freiheit willst, wenn du Erweckung willst, wenn du die Gegenwart Gottes in deinem Leben willst, dann lass den Herrn in dir regieren. Er liebt dich und wird dich wiederherstellen. Sein Atem wird Leben in die trocken Knochen deines Lebens bringen.

Jesaja 66, 1 - 2 (Elberfelder)
So spricht der Herr: Der Himmel ist mein Thron
und die Erde der Schemel meiner Füße.
Wo wäre denn das Haus, das ihr mir bauen könntet,
wo denn der Ort meines Ruhesitzes?
Hat doch meine Hand dies alles gemacht,

und alles dies ist geworden,
spricht der Herr. Aber auf den will ich blicken:
auf den Elenden und den, der zerschlagenen Geistes ist und
der da zittert vor meinem Wort.

Gott sucht nach dem, der demütig und zerschlagenen Herzens ist und der vor Seinem Wort zittert, damit Er Seinen Ruhesitz dort vorfinden kann. Ist dein Herz ein Ruheort für Gott? Sitzt Er in deinem Herzen auf dem Thron?

Die 24 Ältesten, die im Himmel auf Thronen rund um den Thron Gottes sitzen, fallen unaufhörlich vor Ihm, der auf dem Thron sitzt, nieder. Sie beten Ihn an, der für immer und ewig lebt, werfen Ihre Kronen vor Seinem Thron nieder und sagen: *„Du bist würdig, unser Herr und Gott, die Herrlichkeit und die Ehre und die Macht zu nehmen, denn du hast alle Dinge erschaffen, und deines Willens wegen waren sie und sind sie erschaffen worden."* (Offenbarung 4,11 Elberfelder)

Gott hat dich nach Seinem Bild erschaffen. Durch den Willen Gottes existierst du und durch Seinen Willen wurdest du erschaffen, um Ihn zu kennen und Ihn anzubeten. Als Schöpfer und König regiert Er über alles. Sein Thron ist das Zentrum des Universums; die ganze Schöpfung wird zusammengehalten durch diesen Sitz der göttlichen Autorität und dreht sich um ihn. Er hat Seinen Sohn Jesus erwählt zu regieren, bis sich jedes Knie beugt. Möge Sein Thron das Zentrum unserer Herzen und Leben sein.

Kolosser 1, 15 - 17 (Schlachter)
Dieser ist das Ebenbild des unsichtbaren Gottes,
der Erstgeborene, der über aller Schöpfung ist.
Denn in ihm ist alles erschaffen worden,
was im Himmel und was auf Erden ist,
das Sichtbare und das Unsichtbare,
seien es Throne oder Herrschaften oder

Fürstentümer oder Gewalten:
alles ist durch ihn und für ihn geschaffen;
und er ist vor allem, und alles hat seinen Bestand in ihm.

Die Bibel beschreibt Mose als den demütigsten Menschen, der je gelebt hat. Demut ist: zu wissen, wer man in Christus ist. Die Gnade und Kraft Gottes sind in dich hineingelegt! Und doch gibst du alle Ehre und Ruhm Ihm. Es ist ein Wandel der Demut und Auslieferung an Gott.

Mose wußte, daß seine Stärke, Kraft und Autorität als Leiter in der Gnade Gottes gefunden wurden, nicht in ihm selbst. Obwohl Gott direkt zu Mose sprach und er großartige Taten in Gott vollbrachte, blieb Mose demütig. Mose war fest entschlossen Gott zu kennen und Seine Gegenwart bei ihm zu haben. Er weigerte sich irgendwo hinzugehen, es sei denn, die Gegenwart Gottes ging mit ihm (siehe 2. Mose 33, 13-15) Er vertraute nur Gott, nicht sich selbst. Mose war ein Mann ohne Arglist; es gab keine Täuschung oder Falschheit in seinem Herzen. Er war transparent und ehrlich vor Gott und Mensch. Als Mose bat, die Herrlichkeit Gottes zu sehen, weil er Gnade in seinen Augen gefunden hatte, gewährte Gott ihm seinen Wunsch.

Der Apostel Paulus schreibt in seinem Brief an die Philipper: *„Denn wir sind die Beschneidung, die wir Gott im Geist anbeten, uns in Christus Jesus freuen und nicht auf das Fleisch vertrauen."* (Philipper 3,3 – wörtlich übersetzt aus dem Englischen) Paulus erachtete Ruhm, Glück, Ansehen von Menschen, und sogar Autorität in der Glaubensgemeinschaft nicht als mehr wert, als dem Preis der hohen Berufung nachzujagen: Unseren wunderbaren Herrn und Retter, Jesus Christus, zu kennen, anzubeten und wie Er zu werden.

Demut ist ein Herz, welches sich vor Gott in liebendem Gehorsam verneigt. Wir verleugnen uns selbst und folgen Ihm nach. Demut ist das Finden unseres Sinns und unserer

Identität in Christus. Sie ist ein Herz, das sagt: *„Ich bin mit Christus gekreuzigt, und nicht mehr lebe ich, sondern Christus lebt in mir; was ich aber jetzt im Fleisch lebe, lebe ich im Glauben, und zwar im Glauben an den Sohn Gottes, der mich geliebt und sich selbst für mich hingegeben hat."* (Galater 2,20 Elberfelder)

Jakobus 4, 6 (Elberfelder)
Gott widersteht den Hochmütigen,
den Demütigen aber gibt er Gnade.

Der Hauptfeind Gottes ist Stolz. Dieser wird uns blockieren unsere eigene Sünde zu sehen, oder die Notwendigkeit Buße zu tun und uns zu verändern. Sich dem Heiligen Geist zu überlassen wird Ihm erlauben in unseren Leben zu arbeiten. Er wird uns helfen demütig zu bleiben vor Gott und den Menschen.

Ein zerbrochenes Herz lebt einen bußfertigen Lebensstil. Buße ist nicht nur für die Sünder, die Jesus Christus als persönlichen Erretter zum ersten Mal aufnehmen. Buße bedeutet Veränderung, ein Abkehren von Dingen, die unsere Beziehung mit Gott behindern. Der Heilige Geist befähigt dich, dich zu verändern. Als dein Helfer wird Er dich unterstützen, diese Veränderung und deine neue Hingabe an Gott zu durchlaufen. Es beginnt mit einer Herzensoffenbarung Seiner Güte und Liebe. Sein Herz brennt mit heiliger Eifersucht für unsere Zuneigung. Ergebenheit und Gehorsam wird zu einer lieblichen Begegnung mit Ihm führen.

Da der Herr begehrt in denen zu wohnen, die demütig und zerbrochen sind und vor Seinem Wort erzittern, müssen diese Eigenschaften folglich in uns gewirkt werden. Die Gnade Gottes, Seine Fähigkeiten, Seine Gegenwart und Kraft; sie werden dem demütigen Herzen gegeben werden.

Das Wort Gottes ist ein *„zweischneidiges Schwert"*. Es trennt zwischen Seele und Geist und offenbart die Motive und Absichten unserer Herzen, die tief in ihnen versteckt sind. (siehe Hebräer 4,12) Johannes der Täufer wies seine Jünger an, dem Lamm Gottes zu folgen und erklärte: *„Er muß wachsen, ich aber abnehmen"*. (Johannes 3,30 Elberfelder) Darum geht es doch: Gott Ehre zu bringen. Es geht nicht um das, was wir für Ihn tun können, sondern was Er durch uns tun kann. Er wird dir Gnade und Salbung geben, um Sein Gefäß zu sein.

Wahre Anbetung

Der Vater sucht solche, die *„Ihn im Geist und in der Wahrheit anbeten werden, denn Gott ist Geist."* (Johannes 4,24 wörtlich übersetzt) Jesus sagte in Johannes 14,6: *„Ich bin der Weg und die Wahrheit und das Leben. Niemand kommt zum Vater als nur durch mich."* (Elberfelder) Wahrheit wird gefunden im lebendigen Wort, Jesus Christus. Das Wort wird lebendig in unserem Geist, wenn der Heilige Geist, der Geist der Wahrheit, Leben hineinbläst. Diese frische Offenbarung Gottes bringt wahre Anbetung im Geist und in der Wahrheit hervor.

Psalm 29, 1, 2 (Elberfelder)
Gebt dem Herrn, ihr Göttersöhne,
gebt dem Herrn Herrlichkeit und Kraft!
Gebt dem Herrn die Herrlichkeit seines Namens;
betet an den Herrn in heiliger Pracht!

Anbetung ist ein Überfließen einer Offenbarung Gottes, die in unseren Herzen geboren wird und dann von unseren Herzen zurück zu Gott gegeben wird. Die Schrift sagt in Psalm 23,5 (wörtlich aus dem Englischen übersetzt): *„ Du salbst mein Haupt mit Öl; mein Becher fließt über."* Wir schreiben Ihm das zurück, wer Er für uns ist, wie es uns durch den Geist der Wahrheit vom Wort Gottes offenbart wurde. Ohne die kostbare

Gegenwart des Heiligen Geistes kann es keine „Anbetung im Geist und in der Wahrheit" geben. Er ist der Eine, der uns zum Platz der Intimität mit dem Vater bringen wird. An diesem Ort der Intimität in der Anbetung, erfüllt Seine Gegenwart unsere Leben und Er segnet uns, heilt uns und stellt uns wieder her.
Wenn die Offenbarung Gottes durch Musik oder Tanz ausgedrückt wird, dann ist die Musik nicht nur Musik und der Tanz nicht nur ein weiterer Tanz, sondern dies ist wahre Anbetung. Wahrheit, die unseren Herzen offenbart wurde, wird ausgedrückt durch Anbetung. So wird Wahrheit zu Ihm widergespiegelt. Es ist, als ob Gott in den Spiegel auf Sein Spiegelbild schaut.

Ein gebendes Herz

Apostelgeschichte 10, 4 (Elberfelder)
Deine Gebete und deine Almosen sind hinaufgestiegen
zum Gedächtnis vor Gott.

Die Gebete und das Geben von Almosen des Kornelius hat Gottes Aufmerksamkeit erregt und so sandte Er Petrus, das Evangelium in seinem Haus in Cäsarea zu predigen. Während Petrus das Evangelium predigte, fiel der Heilige Geist auf alle von ihnen, so wie Er es auch am Pfingsttag getan hatte, und sie nahmen Jesus Christus als Herrn und Erretter an. Kornelius und seine Freunde empfingen ihre Berührung von Gott.

Maleachi 3, 10 (Elberfelder)
Bringt den ganzen Zehnten in das Vorratshaus,
damit Nahrung in meinem Haus ist!
Und prüft mich doch darin, spricht der Herr der Heerscharen,
ob ich euch nicht die Fenster des Himmels öffnen
und Segen ausgießen werde bis zum Übermaß!

Wir lesen, daß die Gebete und das Geben unserer Zehnten und unserer Spenden an Gott, offene Himmel und Segnungen Gottes, die über unsere Leben fließen, zur Folge haben können. Was bedeutet das Wort Segen? Es bedeutet, daß die Gunst Gottes auf uns liegt, weil Seine Gegenwart mit uns ist. Wenn Gott gegenwärtig ist, dann ist Segen gegenwärtig. Gott sagt sogar, daß wir Ihn darin auf die Probe stellen können. Gott zu geben kann bewirken, daß der Heilige Geist anfängt in unseren Leben und unseren Lebenslagen zu arbeiten, so daß die Segnungen Gottes fließen werden.

Kapitel 5

Zuteilung

Das Wort Zuteilung bezieht sich auf etwas das gegeben oder transferiert wird, so wie es bei der Salbung oder den Segnungen vom Herrn ist. Die Zuteilung des Heiligen Geistes kann in einer deutlichen und fühlbaren Art und Weise geschehen. Wir sehen verschiedene Beispiele davon in der ganzen Bibel. In diesem Kapitel werden wir einige der Möglichkeiten untersuchen, wie wir eine Zuteilung vom Herrn empfangen können.

Die Taufe des Heiligen Geistes

Jesus sagte, daß Er uns nicht allein oder als Waisen zurücklassen würde, sondern daß der Heilige Geist, der Lehrer und Tröster, kommen und uns alle Dinge lehren würde. (siehe Johannes 14,16; 17,26) Als Jesus von den Toten auferstand, erschien Er seinen Jüngern und sagte: *„Friede sei mit euch! Gleichwie mich der Vater gesandt hat, so sende ich euch. Und nachdem er das gesagt hatte, hauchte er sie an und sprach zu ihnen: Empfangt Heiligen Geist!"* (Johannes 20, 21-22 Schlachter) Jesus übermittelte ihnen den Heiligen Geist, indem er sie anhauchte. Als die Jünger die Person des Heiligen Geistes empfingen, kam Er um in ihnen zu wohnen, sie zu lehren und in die ganze Wahrheit zu führen.

In Lukas 24, 46-53 sagt Jesus zu seinen Jüngern: *„Und siehe, ich sende auf euch die Verheißung meines Vaters; ihr aber bleibt in der Stadt Jerusalem, bis ihr angetan werdet mit Kraft aus der Höhe!"* *(Schlachter)* Alle die Ihn als Herrn und Retter aufnehmen, dürfen auch die *„Verheißung des Vaters"* erhalten, den Heiligen Geist. Durch das Kreuz und die Auferstehung hat Jesus Christus nicht nur die Macht der Sünde und die Auswirkungen der Sünde, wie Krankheit, Tod, Armut gebrochen. Er ist auch aufgefahren um an der Rechten des

Vaters zu sein und hat die Himmelstür geöffnet, damit der Heilige Geist kommen kann, um auf die Erde ausgegossen zu werden.

Die Jünger hatten noch nicht die Fülle des Heiligen Geistes empfangen, bis zum Pfingsttag, als Er auf sie ausgegossen wurde. (siehe Apostelgeschichte 1, 4-5, 8) Johannes der Täufer sagte: *„Ich taufe euch mit Wasser zur Buße; der aber nach mir kommt, ist stärker als ich, so daß ich nicht würdig bin, ihm die Schuhe zu tragen; der wird euch mit Heiligem Geist und Feuer taufen."* (Matthäus 3,11 Schlachter) Sie empfingen Kraft, um Zeugen (oder Märtyrer) für das Evangelium zu sein und die Taten zu vollbringen, die Jesus ihnen auftrug zu tun, nämlich Zeichen, Wunder, Heilungen.

Die Taufe des Heiligen Geistes ist für jeden Gläubigen. Wir werden bevollmächtigt den Dienst Jesu Christi und den Willen des Vaters hier auf Erden zu vollenden.

Die Taufe des Heiligen Geistes setzte sich fort und ist durch das gesamte Buch der Apostelgeschichte hindurch aufgezeichnet. In Apostelgeschichte 19, 1-6, zum Beispiel, traf der Apostel Paulus neue Jünger, die noch nichts von der Taufe des Heiligen Geistes gehört hatten, geschweige denn sie erhalten hatten, nur die Taufe des Johannes, die Taufe der Buße. Als Paulus seine Hände auf sie legte, kam der Heilige Geist auf sie und sie begannen in Zungen zu sprechen und zu prophezeien. Es gab eine klare Zuteilung des Heiligen Geistes auf diese Männer:

Apostelgeschichte 19, 1 - 6 (Schlachter)
Es geschah aber, während Apollos in Korinth war, daß Paulus, nachdem er die höhergelegenen Gebiete durchzogen hatte, nach Ephesus kam.
Und als er einige Jünger fand, sprach er zu ihnen: Habt ihr den Heiligen Geist empfangen, als ihr gläubig wurdet?

Sie aber antworteten ihm:
Wir haben nicht einmal gehört, daß der Heilige Geist da ist!
Und er sprach zu ihnen: Worauf seid ihr denn getauft
worden? Sie aber erwiderten: Auf die Taufe des Johannes.
Da sprach Paulus: Johannes hat mit einer Taufe der Buße
getauft und dem Volk gesagt, daß sie an den glauben
sollten, der nach ihm kommt,
das heißt an den Christus Jesus.
Als sie das hörten, ließen sie sich taufen
auf den Namen des Herrn Jesus.
Und als Paulus ihnen die Hände auflegte, kam der Heilige
Geist auf sie, und sie redeten in Sprachen und weissagten.

Da Jesus Christus derselbe gestern, heute und in alle Ewigkeit ist (Hebräer 13,8), sehen wir heute noch die gleiche Erfüllung und Bevollmächtigung. Ich erinnere mich an eine Serie von Gottesdiensten in Washington DC, die für mich auffallend waren. Nach dem Bekehrungsaufruf fragte ein gewisser Mann, der darauf reagiert hatte Christus zu empfangen, ob er mehr von Ihm empfangen könnte. So legte ich meine Hände auf den Mann, um für ihn zu betete. Sofort wurde er im Heiligen Geist getauft und fiel zu Boden, sprach in anderen Sprachen und zitterte unter der Kraft Gottes. Dies geschah zeitgleich in vielen Veranstaltungen bei ganzen Gruppen von Menschen. Eine übernatürliche Zuteilung von Gott ist es, die uns befähigt mutige Zeugen für Christus zu sein. (Apostelgeschichte 1,8)

Das Auflegen der Hände

Das „Auflegen der Hände" ist die direkteste und konkreteste Art und Weise etwas vom Herrn während des Gebets zu übermitteln. Es ist eine sehr einflussreiche und wichtige Tätigkeit im Leib Christi, für die Taufe im Heiligen Geist, die Heilung von Kranken und für das Aussondern einer Person für den Dienst.
Einige handeln das Auflegen der Hände als ein symbolisches

Ritual ab und eben nicht als einen biblischen Weg für die Übermittlung der Salbung. Das Auflegen der Hände war nie dazu gedacht eine bloße symbolische Geste zu sein, sondern stattdessen ein biblischer Weg die Salbung des Heiligen Geistes zu verabreichen. Der Heilige Geist wird durch diese Tat des Glaubens freigesetzt. Hebräer 6,2 (Luther) weist darauf hin, daß das „Auflegen der Hände" eine Lehre der Bibel ist: *„...mit der Lehre vom Taufen, vom Händeauflegen, von der Auferstehung der Toten und vom ewigen Gericht."* Also müssen wir daraus schließen, daß es ein grundlegender Teil des Dienstes des Gläubigen ist.

Als Jesus Seinen Jüngern befahl, *„Geht in alle Welt und predigt das Evangelium"*, sagte Er auch, daß sie Kranken die Hände auflegen würden und sie würden gesund werden. (Siehe Markus 16, 15-16) Also müssen wir dies auch weiterhin tun, indem wir dem Herrn Jesus glauben und gehorchen.

Eine Demonstration der Kraft des Heiligen Geistes geschah, wenn die Jünger das Wort aussprachen und ihre Hände während des Gebets auf die Menschen legten. In Apostelgeschichte 5,12 (Schlachter) ist folgendes aufgezeichnet: *„Durch die Hände der Apostel aber geschahen viele Zeichen und Wunder unter dem Volk."* In Apostelgeschichte 14,3 (Schlachter) steht: *„...und lehrten freimütig im Vertrauen auf den Herrn, der dem Wort Gnade und Zeugnis gab und Zeichen und Wunder durch ihre Hände geschehen ließ."* In Apostelgeschichte 19,6 (Schlachter) heißt es: *„Und als Paulus ihnen die Hände auflegte, kam der Heilige Geist auf sie, und sie redeten in Sprachen und weissagten."*

1. Korinther 6, 19 (Luther)
Oder wißt ihr nicht, daß euer Leib
ein Tempel des Heiligen Geistes ist, der in euch ist,
und den ihr von Gott habt,
und daß ihr nicht euch selbst gehört?

Der Heilige Geist wohnt in uns. Die Bibel verweist auf den wiedergeborenen Gläubigen als *„den Tempel des Heiligen Geistes"*. Daher sind wir Seine Gefäße, durch welche die Kraft des Heiligen Geistes fließen kann.

Der Dienst des Händeauflegens scheint einen größeren Fluß der Salbung herbeizuführen. Zum Beispiel beobachtete ich in verschiedenen Veranstaltungen, daß während wir damit beschäftigt waren mit Händeauflegen zu dienen, der Heilige Geist plötzlich kam und die Menschen um uns herum überall berührte, ohne daß diesen überhaupt jemand die Hände auflegte!

Zweifel und Unglaube werden das verhindern, was Gott in deinem Leben durch das Auflegen der Hände tun will. Eine Person muß glauben und erwarten, daß etwas passiert. Wenn für uns auf diese Art und Weise gebetet wird, ist es wichtig zu *glauben, daß wir* eine Berührung von Gott *empfangen werden*.

Einen Segen übermitteln

Das Auflegen der Hände kann als eine Methode benutzt werden, um Segen zu übermitteln. Wir sehen ein Beispiel davon, als Israel seine Kinder segnete:

1. Mose 48, 14 - 16 (Elberfelder)
Da streckte Israel seine Rechte aus und legte sie auf Ephraims Kopf – obwohl er der Jüngere war, und seine Linke auf Manasses Kopf;
er legte seine Hände über Kreuz.
Denn Manasse war der Erstgeborene.
Und er segnete Joseph und sprach:
„Der Gott, vor dessen Angesicht meine Väter Abraham und Isaak gelebt haben, der Gott der mich geweidet hat,
seitdem ich bin, bis zu diesem Tag,
der Engel, der mich von allem Übel erlöst hat,

> segne diese Knaben;
> und in Ihnen werde mein Name genannt und der Name meiner Väter, Abraham und Isaak, und sie sollen sich vermehren zu einer Menge mitten im Land!

In dieser Schriftstelle sehen wir, daß Israel seine Hände auf seine Kinder legte und sie segnete. In der gleichen Weise rief Jesus die kleinen Kinder zu Ihm zu kommen, damit Er Seine Hände auf ihre Köpfe legen und ihnen einen Segen übermitteln konnte. Als Eltern können wir unserer Familie in der gleichen Weise dienen. Wenn unsere Kinder geboren werden, durch ihre Kindheit hindurch und bis zu dem Zeitpunkt, an dem sie das Heim verlassen oder heiraten, übermittle ihnen geistliche Segnungen, durch das Auflegen der Hände im Gebet. Prophezeie Leben, Bestimmung und Segnungen über sie.

Wenn Diener des Evangeliums auf das Missionsfeld gehen, sei es in das Örtliche oder ins Ausland, betet für sie und sendet sie aus eurer Mitte aus mit der Salbung und Kraft des Heiligen Geistes, damit sie Zeugen für Christus sind. Wenn Menschen in einen neuen Abschnitt ihres Lebens gehen, betet für sie; übermittle ihnen einen Segen. Wenn eine Familie die örtliche Gemeinde verlässt und die Gründe legitim sind, betet für sie und sendet sie mit einem übermittelten Segen des Wohlstandes und der Wegweisung, betreffend ihrer Zukunft. Es gibt so viele Gelegenheiten, an denen wir einen Segen in das Leben von Menschen übermitteln können.

Salbung und Einsetzung in einen Dienst

Apostelgeschichte 13, 2 - 4 (Elberfelder)
Während sie aber dem Herrn dienten und fasteten, sprach der Heilige Geist: Sondert mir nun Barnabas und Saulus zu dem Werk aus, zu dem ich sie berufen habe!
Da fasteten und beteten sie; und als sie ihnen die Hände aufgelegt hatten, entließen sie sie.

Sie nun, ausgesandt von dem Heiligen Geist, gingen hinab nach Seleuzia, und von dort nach Zypern.

Das Auflegen der Hände wird benutzt um Menschen für den Dienst auszusondern. Ich glaube, daß diejenigen, welche die Autorität innehaben, diese Art von Zuteilung besonders verabreichen, denn sie ist dazu da, um Menschen in eine Diensttätigkeit einzusetzen. Es ist der apostolische Dienst, der mit der Leiterschaft der lokalen Gemeinde zusammenarbeitet, der dieses tut.

Apostelgeschichte 6, 3 - 6 (Elberfelder)
So seht euch nun um, Brüder, nach sieben Männern unter euch, von gutem Zeugnis, voll Geist und Weisheit,
die wir über diese Aufgabe setzen wollen!
Wir aber werden im Gebet und
im Dienst des Wortes verharren.
Und die Rede gefiel der ganzen Menge;
und sie erwählten Stephanus,
einen Mann voll Glaubens und Heiligen Geistes,
und Philippus und Prochorus und Nikanor und Timon und Parmenas aus Antiochia.
Diese stellten sie vor die Apostel; und als sie gebetet hatten, legten sie ihnen die Hände auf.

Das Auflegen der Hände, um Menschen für den Dienst oder für verschiedene Tätigkeiten in der örtlichen Gemeinde auszusondern ist ein sehr wichtiges Prinzip. Heute setzen die Ältesten der Gemeinde mit einem apostolischen Dienst jemanden für den Dienst ein durch Handauflegung. Es ist eine Übermittlung der Gnade und der geistlicher Autorität für die jeweilige Tätigkeit dieser Person, die mit Verantwortung einhergeht.

Fache die Gabe an

2. Timotheus 1, 6 (Elberfelder)
Um dieser Ursache willen erinnere ich dich,
die Gnadengabe Gottes
anzufachen, die in dir durch das Auflegen meiner Hände ist.

In seinem Brief an Timotheus erinnert Paulus ihn, die Gnadengabe Gottes anzufachen, die ihm durch das Auflegen seiner Hände mitgeteilt wurde. An dem Zeitpunkt oder in dem Zeitraum des Wachstums, der von Gott bestimmt ist, kann eine Salbung für den Dienst übermittelt werden.

Ich erinnere mich an eine Begebenheit während eines besonderen Gottesdienstes; ein bekannter Evangelist lud alle Diener des Evangeliums ein nach vorne zu kommen, um eine Zuteilung für den Dienst durch „Handauflegung" zu bekommen. Die Gegenwart des Heiligen Geistes war besonders stark und fühlbar, als wir in der Schlange darauf warteten an die Reihe zu kommen. Als er für die Zuteilung seine Hände auf mich legte, fühlte es sich an, als ob ich an eine elektrische Steckdose angeschlossen worden war! Ich fiel auf den Rücken, während das, was sich wie Elektrizität anfühlte, durch meinen Körper schoß. Während ich auf dem Boden lag, konnte ich die Kraft des Heiligen Geistes spüren, die mein gesamtes Sein erschütterte und ich wußte, daß Gott die Salbung für den Dienst, zu dem Er mich berufen hatte, zugeteilt und angefacht hatte. Der Herr hatte die Gabe in mir angefacht, als die Hände auf mich gelegt worden waren. Als ich diesen Ort verließ, war mir sehr klar, daß ein Wachstum in meinem Dienst geschehen war.

Der Berührungspunkt

Ein Berührungspunkt ist ein „Eingang", damit die Kraft Gottes fließen kann. Das Auflegen der Hände dient als Berührungspunkt für die Salbung. Damit der Berührungspunkt wirksam wird, ist Glauben erforderlich, denn dieser ist *„eine Verwirklichung (o. Grundlage) dessen was man hofft, ein Überführtsein von Dingen, die man nicht sieht."* (Hebräer 11,1 Elberfelder)

Lukas 6, 19 (Hoffnung für alle)
„Jeder versuchte, Jesus zu berühren;
denn von ihm ging eine Kraft aus, die sie alle heilte."

Jesus ist unser Beispiel. In Lukas 6,19 steht: *„Und die ganze Volksmenge suchte ihn anzurühren, denn Kraft ging von Ihm aus und heilte alle."* (Elberfelder). Kraft kam vom Körper des Herrn Jesus Christus und heilte die Menschen. Es gab eine Zuteilung, die zur Befreiung der Kranken führte. Alles was dazu nötig war, war ein glaubendes Herz und ein Berührungspunkt. Wir lesen in den Evangelien, wie Jesus die Menschen berührte und die Salbung freigesetzt wurde, um Heilung und Wunder zu bringen.

Lukas 4, 40 (Schlachter)
„Als aber die Sonne unterging,
brachten alle, die Kranke hatten mit mancherlei Gebrechen,
sie zu ihm, und er legte ihnen die Hände auf
und er heilte sie.

Als Menschen Jesus berührten wurden sie geheilt. Zum Beispiel war da die Frau mit dem Blutproblem, von der wir in Lukas 8,40-48 lesen. Sie beschloß in ihrem Herzen Sein Gewand zu berühren, denn sie glaubte, sie würde gesund werden, wenn sie dies täte. Als sie sich durch die Menschenmenge quetschte und Ihn berührte, hielt Jesus inne, denn er fühlte, daß Kraft von Ihm ausgegangen war. Die Frau war geheilt und Jesus sagte zu ihr: *„Tochter, dein Glaube hat dich geheilt. Geh hin in Frieden!"* (Elberfelder).

Die Kraft kam in diesem Moment nicht vom Himmel, von der Erde, von Bäumen, oder irgendeinem anderen Ort, sondern vom Körper des Herrn Jesus Christus. Er war das Gefäß, durch welches die Salbung floß. Wer auch immer Ihn berührte wurde gesund. Dieses Prinzip ist heute für den wiedergeborenen Gläubigen immer noch das gleiche. Wir sind Gefäße, durch welche die Salbung fließen kann. *„Wir haben aber diesen Schatz in irdenen Gefäßen, damit das Übermaß der Kraft von Gott sei und nicht aus uns."* (2. Korinther 4,7 Elberfelder) Die Kraft gehört nicht uns, sondern vielmehr sind wir Kanäle oder Gefäße durch die sie fließen kann.

Als Jesus vor 2000 Jahren an den Menschen vorbeiging, berührten Ihn viele oder viele wurden von Ihm berührt und empfingen die Wohltat der Salbung. Heute haben wir die Gegenwart des Heiligen Geistes und das Wort Gottes, sowie auch den Boten, oder denjenigen, welcher von Gott gesandt ist die Gute Nachricht des Evangeliums zu überbringen. Wenn wir in unseren Herzen glauben und zu Ihm mit einem demütigen und hungrigen Herzen kommen, wird Er uns mit Seiner Salbung berühren.

Während eines bestimmten Gottesdienstes in Brasilien, hatte eine Frau um Gebet gebeten, die einen Tumor hinten im Nacken hatte, der so groß war wie ein Golfball. Als ich meine Hände auf sie legte, kam die Kraft des Heiligen Geistes auf sie und sofort verschwand der Tumor. Die heilende Kraft Gottes wurde zu ihr weitergeleitet, durch das Auflegen der Hände und dies führte zu ihrer Freiheit von dem Tumor.

Während einer anderen Veranstaltung, während ich in Südafrika diente, kam ein Mann, der seine Hand nicht öffnen oder schließen konnte. Sie war in einer Position stocksteif. Als ich betete und meine Hände auf seine Hand legte, begann ich einfach seine Finger zu bewegen. Der Heilige Geist kam auf ihn und zu seiner Überraschung begann er seine Hand zu öffnen und zu schließen, ganz normal und völlig geheilt!
Es gibt Zeiten an denen Gott außergewöhnliche Wege benutzt, um Menschen mit Seiner Kraft zu berühren. Wenn wir im Glauben beten, ist es, als ob die Salbung Gottes zu den bestimmten Gegenständen oder Objekten, für welche wir gebetet haben, transferiert wird. Die Gegenstände werden zu einem „Berührungspunkt" für Gott, durch den Er Seinen Heiligen Geist ausgießt und Menschen berührt.

Apostelgeschichte 19, 11 - 12 (Elberfelder)
Und ungewöhnliche Wunderwerke tat Gott
durch die Hände des Paulus,
so daß man sogar Schweißtücher oder Schurze
von seinem Leib weg auf die Kranken legte
und die Krankheiten von ihnen wichen
und die bösen Geister ausfuhren.

Während wir eine Open-Air-Evangelisation in Mittelamerika abhielten, hatten wir einen Salbungsgottesdienst dieser Art. Menschen brachten Gegenstände, wie Kleidung, Schlüssel, Teller und alle möglichen Arten von Objekten, damit über diesen gebetet würde. Es war phantastisch den Glauben der Menschen zu sehen, die Gott bezüglich der Errettung ihrer Angehörigen, Heilung, finanzielle Wunder und so weiter, vertrauten. Bald nach dem Gebet über diese Gegenstände, wurde uns mitgeteilt, daß Gott viele ihrer Gebete beantwortet hatte.

Eine weitere außergewöhnliche Methode des Dienstes ist aufgezeichnet in Apostelgeschichte, Kap. 5. Die Kranken wurden auf die Straßen gelegt, damit der Schatten des Petrus auf sie fiele. Die Herrlichkeit Gottes überschattete ihn und berührte die Menschen, als er an ihnen vorbeiging. Viele wurden auf diese Weise geheilt.

Die Methode, die Gott auswählt, um sie zu gebrauchen ist einfach nur eine Methode! Methoden sind einfach das, was möglicherweise vonnöten ist, um im Dienst die Salbung in eine gegebene Situation hineinzubringen. Diese sind der Berührungspunkt für die Kraft Gottes, damit sie in das Leben der Menschen fließen kann. Wir dürfen Gott nie in eine Kiste stecken und sagen, daß wir schon wissen, wie sich Gott manifestieren will. Erinnere dich daran, er ist der Allmächtige Gott. Wer sind wir, daß wir Ihm befehlen können, was er tun kann oder nicht, oder wie Er es tun muß? Als Gläubige, sind wir dazu berufen Seinem Wort zu gehorchen und die Salbung zu verabreichen. Was die Ergebnisse anbelangt, so liegt dieses bei Gott und Seiner Weisheit. Er ist derjenige der Wunder wirkt, nicht wir.

Über Sein Wort nachdenken

1. Johannes 1, 1 - 3 (Elberfelder)
Was von Anfang an war, was wir gehört,
was wir mit unseren Augen gesehen,
was wir angeschaut
und unsere Hände betastet haben vom Wort des Lebens,
und das Leben ist geoffenbart worden
und wir haben gesehen und bezeugen
und verkündigen euch das ewige Leben, das bei dem
Vater war und uns geoffenbart worden ist,
was wir gesehen und gehört haben,
verkündigen wir auch euch,
damit auch ihr mit uns Gemeinschaft habt;
und zwar ist unsere Gemeinschaft mit dem Vater
und mit seinem Sohn Jesus Christus.

Der Heilige Geist liebt Jesus und während wir mit dem Heiligen Geist Gemeinschaft beim Lesen der Bibel haben, offenbart Er uns das Wort des Lebens durch diese Schriftstellen. Wir haben dann Gemeinschaft mit dem Vater und Seinem Sohn. Offenbarung über Seine Persönlichkeit, Seine Verheißungen, Seine Liebe und Sein Herz eröffnet sich uns, während wir mit dem Heiligen Geist in Seinem Wort verweilen.

Psalm 62, 6 (wörtliche Übersetzung)
Meine Seele, warte stille auf Gott allein,
denn meine Erwartung kommt von Ihm.

Es gibt eine Zuteilung, die kommt, wenn wir über Gottes Wort meditieren oder Zeit verbringen, um darüber nachdenken und auf Ihn warten. Jesus sagte über den Heiligen Geist in Johannes 16,14 *„Er wird mich verherrlichen, denn von dem Meinen wird er nehmen und euch verkündigen."* (Elberfelder). Während wir über die Schrift nachdenken, Zeit in Seiner Gegenwart verbringen, offenbart uns der Heilige Geist mehr über Gott, und er wird die Goldklumpen der Wahrheit und die versteckten Wunder, betreffend unseres Schöpfers, Gott, aufdecken.

Das Wort Gottes wird lebendig, wenn der Heilige Geist es anhaucht. Dies ist das primärste und effektivste Mittel, um eine Glaubenszuteilung zu empfangen. *„Demnach kommt der Glaube aus der Verkündigung, die Verkündigung aber durch Gottes Wort."* (Römer 10,17 Schlachter). Dies ist eine wunderbare Wahrheit. Durch das Hören des Wort Gottes, wird Glaube zugeteilt.

Glaube wird zugeteilt, damit wir das Wort Gottes auf unser tägliches Leben anwenden können. Glaube schaltet die Kraft Gottes in unseren Leben und Umständen frei.

Wir müssen über das Wort nachdenken. Er wird Leben in das Wort Gottes hauchen, das in uns ist. Wir müssen dann nach dem handeln, was uns durch den Heiligen Geist offenbart wurde, denn *„Glaube ohne Werke ist tot."* (Jakobus 2,26)

Das gesprochene Wort

Jesus sagte in Markus 11, 22-23 (Schlachter) *„Habt Glauben an Gott! Denn wahrlich, ich sage euch: Wenn jemand zu diesem Berg spricht: Hebe dich und wirf dich ins Meer! und in seinem Herzen nicht zweifelt, sondern glaubt, daß das was er sagt, geschieht, so wird ihm zuteil werden, was immer er sagt. Darum sage ich euch: Alles, was ihr auch immer im Gebet erbittet, glaubt, daß ihr es empfangt, so wird es euch zuteil werden!"* Was immer du auch sagst, glaube es in deinem Herzen und Zweifele nicht und es wird dir gewährt werden.

Die Salbung kann durch die Worte, die wir sprechen, mitgeteilt werden. Wir können in vielen Beispielen lesen, wie Jesus nur ein Wort sprach und Wunder, Heilungen und Befreiungen waren die Folge. Jesus sprach zu dem Mann mit der verdorrten Hand und sagte: *„Strecke deinen Hand aus."* Als der Mann Jesus gehorchte, wurde er geheilt. Jesus befahl einem gelähmten Mann sein Bett aufzuheben und heim zu gehen. Als er dies tat, wurde er geheilt.

Jesus sprach in Johannes 4, 46-53 dem Sohn des königlichen Beamten Heilung zu und sogar aus einiger Entfernung wurde der Sohn geheilt. In diesem Teil der Schrift bittet ein königlicher Beamte Jesus in sein Haus zu kommen und seinen sterbenden Sohn zu heilen. Anstatt zu gehen, wie es von Ihm erbeten wurde, antwortete Jesus und sagte: *„Geh hin! Dein Sohn lebt."* Der königliche Beamte glaubte dem Wort, das Jesus sprach und ging seiner Wege. Als er nach Hause zurückgekehrt war, traf ihn ein Diener und sagte, daß sein Sohn am Leben sei und gesund sei. Er fand heraus, daß sein Sohn zu genau der gleichen Zeit gesund wurde, als Jesus sprach: *„Dein Sohn lebt."* Genau in dem Moment, in dem der königliche Beamte dem Wort glaubte, das Jesus sprach, kam der Heilige Geist auf den Jungen und heilte ihn. Die Berührung Gottes, ob zur Errettung, Heilung oder Segnung ist verfügbar für diejenigen, die glauben.

In einem weiteren Beispiel, welches wir in der Apostelgeschichte 14, 8-10 finden, hörte ein gewisser Mann, der von Geburt an gelähmt war, der Predigt von Paulus zu. *„Und ein Mann in Lystra saß da, kraftlos an den Füßen, lahm von seiner Mutter Leib an, der niemals umhergegangen war. Dieser hörte Paulus reden; als der ihn fest anblickte und sah, daß er Glauben hatte, geheilt zu werden, sprach er mit lauter Stimme: Stelle dich gerade hin auf deine Füße! Und er sprang auf und ging umher."* (Elberfelder)

In Afrika wurde ich einmal Zeuge einer solchen Art von Zuteilung, als eine Frau, die ständig Schmerzen in ihrem ganzen Körper hatte, in einen unserer Gottesdienste kam, der im Freien stattfand. Sie richtete durch einen Übersetzer aus, daß die Ärzte nicht wußten, was die Schmerzen verursachte. Ich sagte ihr, wenn sie glauben würde, dass Jesus sie heilen und die Schmerzen wegnehmen könnte, sie wirklich geheilt sein würde. Ich schaute sie an und sagte: „Sei geheilt!" Sie glaubte dem Wort und sofort gingen die Schmerzen weg.

Hebräer 4, 2 (Elberfelder)
Denn auch uns ist eine gute Botschaft (o. das Evangelium)
verkündigt worden, wie auch jenen;
aber das gehörte Wort nützte jenen nicht,
weil es bei denen, die es hörten,
sich nicht mit dem Glauben verband.

Das Wort muß sich mit Glauben verbinden, damit es in unseren Leben wirksam ist. Jesus ist glaubensvoll. Das Wort Gottes, verbunden mit Glauben und der Salbung des Heiligen Geistes, ist lebendig und effektiv. Wenn wir das Wort des Herrn in unseren Herzen glauben und aufnehmen, findet Veränderung statt. Kraft wird freigesetzt, um Berge zu versetzen, Joche der Gebundenheit und Krankheit zu brechen und Siege in Zeiten der Not hervorzubringen.

Seine manifeste Gegenwart

Die Zuteilung kommt in der Gegenwart Gottes. Einige benutzen die Worte „Seine Gegenwart" so, als wären diese nur ein Floskel und nicht Realität. Wir können nicht sagen, daß jemand gegenwärtig ist, wenn die Person nicht da ist. Wenn wir das Wort „Gegenwart" benutzen, dann spricht das von etwas, daß fühlbar erkannt wird. In gleicher Weise sprechen wir, wenn wir von der Gegenwart Gottes reden, von der Realität, daß *ER mit uns ist*. Gott ist allgegenwärtig und überall zur gleichen Zeit; jedoch müssen wir in Betracht ziehen, daß die *manifeste* oder offensichtliche Gegenwart Gottes nicht überall ist. Wenn der Heilige Geist auf diese Art und Weise kommt, kann das eine sehr kraftvolle und fühlbare Erfahrung für den physischen Körper sein.

In Lukas 24, 49-53 (Luther) sagt Jesus seinen Jüngern: *„Und siehe, ich will auf euch herabsenden, was mein Vater verheißen hat. Ihr aber sollt in der Stadt bleiben, bis ihr ausgerüstet werdet mit Kraft aus der Höhe. Er führte sie aber hinaus bis nach Betanien und hob die Hände auf und segnete sie. Und es geschah, als er sie segnete, schied er von ihnen und fuhr auf gen Himmel. Sie aber beteten ihn an und kehrten zurück nach Jerusalem mit großer Freude und waren allezeit im Tempel und priesen Gott."*

Die Jünger freuten sich und gehorchten dem Herrn. Und so versammelten sie sich, um in Jerusalem zu „bleiben", bis sie „ausgerüstet" wurden „ mit der Kraft aus der Höhe". Sie begannen einmütig zusammen zu beten, als plötzlich der Heilige Geist auf sie ausgegossen wurde, genau wie Jesus verheißen hatte:

Apostelgeschichte 2, 1 - 6 (Schlachter)
Und als der Tag der Pfingsten sich erfüllte,
waren sie alle einmütig beisammen.
Und es entstand plötzlich vom Himmel her ein Brausen, wie
von einem daherfahrenden gewaltigen Wind
und erfüllte das ganze Haus, in dem sie saßen.
Und es erschienen ihnen Zungen wie von Feuer,
die sich zerteilten und sich auf jeden von ihnen setzten
und sie wurden alle vom Heiligen Geist erfüllt und fingen an,
in anderen Sprachen zu reden,
wie der Geist es ihnen auszusprechen gab.

Es wohnten aber in Jerusalem Juden, gottesfürchtige Männer
aus allen Völkern unter dem Himmel.
Als nun dieses Getöse entstand, kam die Menge zusammen
und wurde bestürzt; denn jeder hörte sie
in seiner eigenen Sprache reden.

Die Jünger waren die Ersten, die den Heiligen Geist auf diese Weise erfuhren. Woher wußten sie, wann die Verheißung gekommen war? Etwas Übernatürliches passierte und sie wußten ohne Zweifel, daß Gott gegenwärtig war. Der Heilige Geist kam in einer fühlbaren Weise. Sie hörten Ihn, sie sahen Ihn und sie fühlten Ihn auch. Laßt uns sehen, wie es kommt, daß wir dies wissen:

Apostelgeschichte 2, 12 - 17 (Elberfelder)
Sie entsetzten sich aber alle und waren in Verlegenheit,
und sagten einer zum anderen:
Was mag dies wohl sein?
Andere aber sagten spottend: Sie sind voll süßen Weines.
Petrus aber stand auf mit den Elf,
erhob seine Stimme und redete zu ihnen:
Männer von Judäa und ihr alle,
die ihr zu Jerusalem wohnt, dies sei euch kund,
und hört auf meine Worte!
Denn diese sind nicht betrunken, wie ihr meint,
denn es ist die dritte Stunde des Tages;
sondern dies ist es, was durch den Propheten Joel gesagt ist:
und es wird geschehen in den letzten Tagen, spricht Gott,
daß ich von meinem Geist ausgießen werde
auf alles Fleisch...

Die manifeste Gegenwart Gottes konnte von den Jüngern an diesem Tag gehört, gesehen und körperlich erfahren werden, als der Heilige Geist ausgegossen wurde. Es gab einen sichtbaren Beweis für diejenigen, die um sie standen, daß diesen Männern etwas wiederfuhr. Sie beobachteten etwas, als sie aus dem Tempel kamen, was sie für betrunkene Männer hielten, Männer die lachten und taumelten. Die Herrlichkeit oder Gegenwart Gottes ist fühlbar und kann auf Menschen erkannt werden.

Wenn wir zusammen beten, kommt der Heilige Geist und die Salbung kann freigesetzt werden. Ich habe die Ausgießung des Geistes schon während Gebetszeiten an vielen Anlässen miterlebt. Der Heilige Geist kann in solch einer Art und Weise fallen, daß ganze Versammlungen zu Boden fallen, erfüllt mit dem Heiligen Geist.

In Seiner Gegenwart manifestiert sich Heilung und Befreiung. In Lukas 5, 17 *lehrte Jesus...* **und des Herrn Kraft war da, damit er heilte.** (Elberfelder) Wir müssen begreifen, daß Gott der Wunderwirkende ist und nicht wir selbst. Wenn Er nicht bei uns zugegen ist, können wir nichts tun. In Lukas 4, 18 lesen wir: *„Der Geist des Herrn ist auf mir, weil er mich gesalbt hat."* Und in Apostelgeschichte 1,8: *„Aber ihr werdet Kraft empfangen, wenn der Heilige Geist auf euch gekommen ist..."* (Elberfelder) Dies ist ein sehr reales Prinzip in der Schrift, kein symbolisches. Es ist eine reale Erfahrung, denn Gott ist auf uns und mit uns.

Im Evangelium des Johannes Kapitel 3 Verse 1-3 kommt Nikodemus, ein Pharisäer, nachts zu Jesus. Er sagt Ihm, daß er glaubt, daß Er von Gott gekommen sein muß, denn niemand könnte die Zeichen und Wunder tun, die Er tue, wenn nicht Gott mit Ihm ist. Denk mal darüber nach! Es gab viele Rabbis zu dieser Zeit und doch hatten Sie nicht die Wunder und Heilungen, wie es bei Jesus war. Er stach als jemand heraus, der von Gott gesandt ist, war ihre Schlußfolgerung.

Apostelgeschichte 10, 38 (Schlachter)
Wie Gott Jesus von Nazareth
mit Heiligem Geist und Kraft gesalbt hat,
und wie dieser umherzog und Gutes tat
und alle heilte, die vom Teufel überwältigt waren;
denn Gott war mit ihm.

Wenn die Salbung gegenwärtig ist, ist Gott gegenwärtig. Es ist unmöglich Seine Gegenwart von Seiner Salbung zu trennen. Ich möchte es so beschreiben: Seine Gegenwart: *Wenn Er mit uns ist.*
Seine Salbung: *Wenn Er sich ausstreckt und uns berührt.* Der Herr war gegenwärtig, um Heilungen zu vollbringen. Wenn Er gegenwärtig ist, sofern wir Seiner Stimme und Seiner Leitung gehorchen, werden wir Zeichen und Wunder, Heilung und Wundertaten erleben.

Eine persönliche Erfahrung

Ich möchte ein persönliches Zeugnis weitergeben, betreffend der manifesten Gegenwart Gottes und wie Er mein Leben und meinen Dienst gänzlich berührte und veränderte:

Ich sehnte mich danach von Gott gebraucht zu werden und ich war nicht zufrieden. Was ich in der Bibel las, geschah einfach nicht in meinem Leben oder Dienst. Ich sehnte mich nach mehr von Gottes Kraft und Salbung, damit ich effektiver in der Arbeit meines Dienstes sein könnte.

Ich brauchte dringend eine Berührung von Gott, deswegen fuhr ich über acht Stunden, damit ich an einer Erweckungsveranstaltung in Louisville, Kentucky, USA, teilnehmen konnte. In diesem Gottesdienst, umgeben von 5000 Menschen, wartete ich mit Vorfreude, als der Evangelist das Wort predigte. Als wir warteten, begann der Heilige Geist die Predigt des Wortes zu bestätigen, indem er sich quer durch den Zuhörerraum bewegte, und sichtbar Menschen rings um mich herum berührte.

Mit meinem ganzen Herzen schrie ich zum Herrn, und bat Ihn mir ' *Alles* was Er für mich hatte' zu geben. Als ich meine Hände zum Himmel erhob, Ihm alles hingab, fühlte ich eine sanfte Brise über mein Gesicht wehen. Ein Gedanke ging mir durch den Kopf: 'Könnte das der Wind des Heiligen Geistes sein?'. Mit einer Erregung, die mein Herz aufwühlte, hob ich meine Hände noch einmal, doch diesmal rief ich. Der Wind wehte wieder über mein Gesicht, diesmal von der anderen Richtung. Plötzlich überwältigte mich die Kraft Gottes und ich fiel auf den Boden zwischen die Stühle und weinte und lachte zur gleichen Zeit!

Zweieinhalb Stunden später war ich immer noch überwältigt, ja sogar betrunken von der Kraft der Gegenwart Gottes. Nicht fähig selbst zum Auto zu laufen, zogen mir die Ordner meine Jacke an und trugen mich aus der Kirche hinaus und luden mich in mein Auto. Meine Frau fuhr uns zurück zum Hotel und steckte mich an diesem Abend ins Bett.

Diese wunderbare Berührung Gottes veränderte mein Leben und meinen Dienst von diesem Tag an. *Nur eine Berührung von der Hand des Meisters und ich war nie mehr wieder derselbe!*

Bald nach dieser Erfahrung mit dem Heiligen Geist, ging ich auf meine erste internationale Dienstreise. Als ich dastand und von der Kanzel auf eine Menge von ca. 2000 Menschen blickte, der ich jetzt gleich dienen sollte, öffnete ich meine Bibel, schaute die Menschen an und sagte: „Laßt uns mit Gebet anfangen." Ich lud den Heiligen Geist ein, uns wie an Pfingsten heimzusuchen und als ich zum Schluß sagte: „ In Jesu Namen!" wurden die Menschen plötzlich durch eine Ausgießung des Heiligen Geistes überwältigt, der sich über ihnen bewegte.

Ich wurde Zuschauer von dem, was nun begann zu passieren. Überall im Gebäude fingen Menschen an zu weinen, als der Heilige Geist ihre Herzen erweichte. Andere lachten unkontrollierbar. Einige rannten, hüpften und rollten sogar auf dem Boden herum. Viele schienen wie von Wein betrunken zu sein, andere saßen völlig still da, als ob sie eingefroren wären und konnten sich nicht bewegen. Ich kam an diesem Abend nicht dazu zu predigen, doch ich machte einen Gebetsaufruf und Hunderte von Menschen reagierten und wurden errettet! Viele wurden von den verschiedensten Krankheiten geheilt und von Dämonen befreit.

Ich lernte an diesem Abend eine wertvolle Lektion: Ich kann nichts tun ohne die Gegenwart und Kraft Gottes, den Heiligen Geist. Er kann in einem Augenblick so viel mehr tun, als ich in einem ganz Leben tun könnte und das nur, weil ich Ihn eingeladen hatte zu kommen und Ihn es auf seine Weise tun zu lassen.

Die Zuteilung, die ich an dem Erweckungsgottesdienst erhalten hatte, als ich Ihm mein Herz völlig auslieferte, war nicht nur ein vergänglicher Augenblick der emotionalen Erregung, sondern auch eine reale Begegnung mit dem lebendigen Gott, die einen neuen Level der Salbung in mein Leben und meinen Dienst brachte. Diese Erfahrung hat meine Anschauung bezüglich des Dienstes komplett verändert. Ich begriff, daß es nicht um mich ging! Es geht nur um Ihn.

Es ist ein Privileg, ein Gefäß zu sein, durch welches Gott das Leben von anderen berühren kann. Unser Glaube erfreut Ihn. Das Vertrauen in die eigene Weisheit, in das eigene Wissen oder die eigenen Fähigkeiten stoppt das Werk des Heiligen Geistes. Sich jedoch völlig Seinem Geist zu überlassen, Seinem Willen und Seiner Absicht und Seinem Zeitplan, wird das Königreich Gottes in jede Situation hineinbringen. Er salbt diejenigen, die erklärt haben: 'Nicht mein Wille, Herr, sondern Dein Wille geschehe!' Es sind nicht unsere Pläne die von

Bedeutung sind, sondern Seine. Er wird immerwährende Resultate hervorbringen, die unsere Leben für immer verändern werden.

Kapitel 6

Die Herrlichkeit Gottes

Herrlichkeit in Costa Rica

Wir rasten in San Hosea, Costa Rica vom Flughafen los und kamen gerade noch rechtzeitig zum Beginn des Gottesdienstes in der Gemeinde an. Als die Zeit für mich zu predigen gekommen war, fing etwas Außergewöhnliches an zu geschehen. Ich zitterte, als ob ich frieren würde, doch mir war nicht kalt. Als ich meine Botschaft zu predigen begann, entstand rund um den Bereich der Kanzel ein „Nebel". Während ich weiterpredigte, schien dieser immer dichter zu werden, bis ich nicht mehr länger sprechen konnte. Ich konnte die Menschen wegen der Herrlichkeit Gottes fast nicht mehr sehen.

Ich weiß nicht mehr genau, was als nächstes passierte, außer, daß ich mich auf dem Boden liegend wiederfand und daß Hunderte von Menschen vor dem Altar zum Herrn schrien. Die Kraft Gottes strömte über die Menschen und viele fielen zu Boden. Verschiedene Zeichen und Wunder fingen an zu geschehen. Einige taten Buße, während andere geheilt wurden. Einige lachten unkontrollierbar, während andere weinten. Es war wie am Pfingsttag. Dies war ein heiliger Moment. Gott hatte die Kontrolle und viele Leben wurden berührt und verändert. Wir wußten ohne Zweifel, daß Gott real und sehr mächtig war!

Manifestationen des Heiligen Geistes

Wenn die Herrlichkeit Gottes an einen Ort kommt, ist dies wunderbar! Wir sehnen uns danach, daß die Herrlichkeit kommt, und doch kann dies nicht geplant werden.

Das Wunderbare am Heiligen Geist ist, daß er göttlich unvorhersagbar ist. Wer weiß, was Gott als nächstes erwählt zu tun? Wenn die Herrlichkeit Gottes sich offenbart, können die Dinge den Anschein haben, als wären sie außer Kontrolle. Ich glaube, daß die unvorhersehbare Art der Bewegung des Heiligen Geistes der Grund ist, warum sich so viele Diener Gottes und Menschen fürchten. Sie haben Angst, die Kontrolle über sich selbst und den Gottesdienst zu verlieren. Es geht dann vor allem darum, Ihm zu vertrauen. Obwohl für unseren natürlichen Verstand und nach unserem logischen Denken, die Dinge außer Kontrolle scheinen, wir müssen Ihm vertrauen. Indem wir nicht unserem eigenem Programm folgen, ehren wir Ihn. Das, woran wir uns erinnern müssen ist, daß wir Ihn nicht benutzen, sondern Er uns benutzt, als Gefäße, die Seinem Willen gehorchen.

In 2. Chronik, Kapitel 5 sehen wir, daß es den Priestern nicht mehr möglich war zu stehen und ihre priesterlichen Aufgaben zu verrichten, wegen der Wolke der Herrlichkeit, die den Tempel erfüllte. In Kapitel 7 hatte sich die Wolke der Herrlichkeit bis zu einem Grad verdichtet, an dem es den Priestern sogar nicht einmal mehr möglich war, den Tempel zu betreten.

2. Chronik 5, 13 - 14 (Elberfelder)
und es geschah, als die Trompeter und die Sänger wie ein Mann waren, um eine Stimme hören zu lassen, den Herrn zu loben und zu preisen, und als sie die Stimme erhoben mit Trompeten und Zimbeln und Musikinstrumenten beim Lob des Herrn: Denn er ist gütig, denn seine Gnade währt ewig! - da wurde da Haus, das Haus des Herrn,
mit einer Wolke erfüllt.
Und die Priester konnten wegen der Wolke
nicht hinzutreten,
um den Dienst zu verrichten. Denn die Herrlichkeit des Herrn erfüllte das Haus Gottes.

2. Chronik 7, 1 - 3 (Elberfelder)
Und als Salomo zu Ende gebetet hatte, da fuhr das Feuer vom Himmel herab und verzehrte das Brandopfer und die Schlachtopfer. Und die Herrlichkeit des Herrn erfüllte das Haus.
Und die Priester konnten nicht in das Haus des Herrn hineingehen, denn die Herrlichkeit des Herrn erfüllte das Haus des Herrn.
Und alle Söhne Israel sahen das Feuer herabfahren und die Herrlichkeit des Herrn über dem Haus. Da knieten sie mit dem Gesicht zur Erde auf das Pflaster nieder und beteten an, und sie priesen den Herrn:
Denn er ist gütig, denn seine Gnade währt ewig!

Die Herrlichkeit Gottes kann sich verstärken. Wenn dies geschieht, gibt es eine Zunahme des Übernatürlichen. Mit dem Übernatürlichen kommt die Bekundung des Heiligen Geistes mit Zeichen und Wundern.

Die Frage, die viele stellen, ist: „Was passiert, wenn die Herrlichkeit Gottes sich manifestiert?" Ich glaube, daß eine größere Einsicht diesbezüglich durch das Studieren der Erscheinungsformen oder „Sinnbilder" des Heiligen Geistes gefunden werden kann. Ich sage nicht, daß sie alles offenbaren, was es über dieses Thema zu wissen gibt, doch ich denke, daß es uns hilft, etwas Erkenntnis zu bekommen, über die Art und Weise, wie der Heilige Geist sich bewegt.

Die Sinnbilder des Heiligen Geistes sind Wind, Feuer, Wasser, die Taube, Wein und Öl. Sie können veranschaulichen, wie Er kommt und wie Er sich bewegt.

Wind
Die Bewegung von Wind kann sehr sanft und auch sehr kraftvoll sein. Obwohl wir den Wind nicht sehen können, erfahren wir ihn fühlbar und sehen die Auswirkungen des Windes, wie zum Beispiel das Schwanken von Baumkronen. Johannes 3, 8 beschreibt den Wind sogar folgendermaßen: *„Der Wind weht, wo er will und du hörst sein Sausen, aber du weißt nicht, woher er kommt und wohin er geht; so ist jeder, der aus dem Geist geboren ist."* (Elberfelder) Diese Bewegung des Heiligen Geistes ist wie das Wehen des Windes. Obwohl wir Ihn nicht sehen können, erfahren wir Seine Gegenwart. Am Pfingsttag kam der Heilige Geist in das Obergemach, gleich einem mächtig brausendem Wind: Apostelgeschichte 2,2: *„Und plötzlich geschah aus dem Himmel ein Brausen, als führe ein gewaltiger Wind daher, und erfüllte das ganze Haus, wo sie saßen."* (Elberfelder) Während der Gottesdienste, die ich in verschiedenen Teilen der Welt abhielt, haben einige bezeugt, daß sie den Wind des Heiligen Geistes erfahren hatten. Der Heilige Geist hatte sich in einer fühlbaren Art und Weise manifestiert.

Feuer
In Matthäus 3,11 sprach Johannes der Täufer von Jesus, als den Einen, der mit *Heiligen Geist und Feuer* taufen würde. Selbstverständlich wissen wir, daß das natürliche Feuer schon an sich heiß ist. Wenn etwas in Flammen steht, dann brennt es und strahlt Hitze aus. Die Heilige Geist kommt oft wie ein Feuer und so erleben wir eine wahrnehmbare Manifestation von Hitze auf uns, in uns, oder in einem bestimmten Bereich unseres Körpers, den der Herr gerade heilt oder berührt.
Mehr als einmal, während ich für die Kranken betete, haben Menschen bezeugt, daß sie Hitze in den Problembereichen ihres Körpers spürten. Bald danach waren sie geheilt. Wenn der Heilige Geist auf eine Person kommt, ist es sehr oft so, daß sie sich fühlen, als ob ihr gesamter Körper von einer Feuerdecke umhüllt ist.

Meine Frau erzählte mir von einem Erlebnis, das sie während einer Fürbittezeit für verfolgte Christen hatte. Sie beschrieb, daß das Feuer Gottes so heftig brannte, daß sie die Vibrationen von diesem Feuer konkret fühlen konnte. Sie konnte zu diesem Zeitpunkt nicht laut beten, da die Intensität so beträchtlich war. Als diese Gebetslast vom Herrn verschwand, stellte sie fest, daß ihr gesamter Körper von diesem Erlebnis schweißgebadet war.

Taube
Eine Taube ist ein sanfter Vogel, der leicht verschreckt werden kann. Sie ist ein Symbol von Frieden, Freiheit und Reinheit. Biblisch gesehen ist sie eine körperliche Erscheinungsform des Heiligen Geistes. In Lukas 3, 22 sehen wir, daß der Heilige Geist auf Jesus herabstieg, wie eine Taube.

Ich habe es selbst erlebt und habe es andere bezeugen hören, daß sich der Heilige Geist, wie eine Taube auf die Menschen niederläßt. Er „schwebt", einem Vogel nicht unähnlich, über Menschen oder Situationen, wenn Er vorhat etwas zu tun. Wir sehen ein Beispiel davon in 1. Mose 1,2, als Gott vorhatte Leben zu erschaffen: *„Die Erde aber war wüst und leer, und es lag Finsternis auf der Tiefe, und* **der Geist Gottes schwebte** *über den Wassern. Und Gott sprach: Es werde Licht! Und es wurde Licht."* (Schlachter)

Übernatürlicher Friede und innere Freude kommen von der Gegenwart Gottes, ein Friede der alles Verstehen übersteigt. Während einiger unserer Gottesdienste veränderte sich die Atmosphäre im Raum und ein ergreifender Friede überflutete die Seelen der Menschen. Angst scheint dann einfach wegzurollen und unsere Herzen werden mit dem übernatürlichen Bewußtsein erfüllt, daß Gott die Kontrolle hat und alles gut ist.

Wasser
Wasser in seinen verschiedenen Formen – ein rauschender Fluß, Wellen, Nebel, Wolken und Regen – kann die Bewegung des Heiligen Geistes bildlich darstellen. Manchmal wird Seine Gegenwart uns wie Wellen überspülen: *„ Die Tiefe ruft der Tiefe zu beim Geräusch deiner Wasserfälle. Alle deine Wellen und Wogen sind über mich gegangen."* (Psalm 42,7 wörtliche Übersetzung aus dem Englischen) Viele erfahren die Wellen des Geistes in den Zeiten, in denen sich der Heilige Geist bewegt. Ich habe Menschen in der Gegenwart Gottes hin- und herschwanken sehen. Ich habe den Heiligen Geist wie eine große Welle erlebt, so daß es mich umhaute. Einige haben Wassertropfen, wie Regen, in Gottesdiensten wahrgenommen, in denen die Herrlichkeit Gottes in ihre Mitte herunterkam, und doch wurde der Gottesdienst in einem Gebäude abgehalten. Der „Regen" des Heiligen Geist kann sich fühlbar manifestieren.

Joel 2 spricht von Regen, der kommt, um das Volk Gottes wiederherzustellen und zu erfrischen.

Joel 2, 23 - 26 (wörtliche Übersetzung aus dem Englischen)
Freut euch nun, ihr Kinder Zions,
und jubelt dem Herrn, eurem Gott, zu;
Denn **Er hat euch treu den Spätregen gegeben und Er wird es veranlassen,
daß der Regen für euch herunterkommt,
der Spätregen und der Frühregen im ersten Monat**
Die Tennen werden voll sein mit Weizen und die Fässer
werden überfließen von neuem Wein und Öl.
So werde ich euch die Jahre zurückerstatten,
welche die schwärmende Heuschrecke gegessen hat,
die krabbelnde Heuschrecke,
die zerstörende Heuschrecke
und die kauende Heuschrecke; meine große Armee,
welche ich unter euch sandte.

> Ihr werdet essen in Fülle und zufrieden sein,
> und den Namen des Herrn, eures Gottes, preisen,
> der so wundersam an euch gehandelt hat;
> Und mein Volk soll nicht mehr
> in den Schatten gestellt werden.

Wein
Das erste Wunder Jesu war die Verwandlung von Wasser zu Wein an einem Hochzeitsfest. (Siehe Johannes 2,6-10). Genauso wie er das Wasser in den Krügen zu Wein verwandelte, verwandelt Er das lebendige Wasser von Gottes Heiligen Geist in unseren Gefäßen zu „Wein". Der Speisemeister der Hochzeit war erstaunt und erklärte, daß der beste Wein für den Schluß aufgehoben worden war. Jesus füllt unsere Herzen mit diesem besten neuen Wein und wir sind nicht „*betrunken mit Wein, in welchem Ausschweifung ist;*" sondern wir sind „*...erfüllt mit dem Geist.*" (Epheser 5,18, wörtliche Übersetzung aus dem Englischen)

Seine Herrlichkeit, Seine Gegenwart ist berauschend. Er überwältigt uns, wenn Er ausgegossen wird. Diese Erfahrung in der Seele kann mit dem „Betrunkensein" im Natürlichen verglichen werden. Es ist eine Reaktion der Seele des Menschen auf die Erfüllung mit dem Heiligen Geist. Kopfschmerzen oder „Kater" sind nicht die Folge von diesem „neuen Wein", nur Erfrischung und Freude und Heilung. Gib dich Ihm ganz hin und trinke kräftig von Seiner Gegenwart! Trink dich satt!

„Obwohl ihr Ihn jetzt nicht seht, glaubt ihr doch; Ihr jubelt mit unaussprechlicher Freude und voller Herrlichkeit und empfangt die Vollendung eures Glaubens, die Errettung eurer Seelen." (1. Petrus 1, 8-9 wörtliche Übersetzung aus dem Englischen) In seiner Gegenwart gibt es die Fülle unaussprechlicher Freude und die Fülle der Herrlichkeit! Wenn wir einen Blick auf seine Herrlichkeit erhaschen, ist diese

Offenbarung Seiner göttlichen Persönlichkeit so phantastisch, daß wir Ihm einfach nachjagen müssen, um mehr Offenbarung Seiner göttlichen Liebe und Persönlichkeit zu bekommen.
Joel 2,24 spricht von überfließendem neuen Wein und Öl. Ich glaube, dies ist ein natürliches Bild einer geistlichen Ausgießung des Heiligen Geistes. In Apostelgeschichte Kapitel 2 wurden die Apostel, nach der Ausgießung des Heiligen Geistes, beschuldigt „betrunken" zu sein. Petrus stand auf, um zu predigen und begann, indem er den Menschen erklärte, was eigentlich passiert war:

Apostelgeschichte 2, 13 - 17 (Elberfelder)
Andere aber sagten spottend: Sie sind voll süßen Weines. Petrus aber stand auf mit den anderen Elf, erhob seine Stimme und redete zu ihnen: Männer von Judäa und ihr alle, die ihr zu Jerusalem wohnt, dies sei euch kund, und hört auf meine Worte! **Denn diese sind nicht betrunken, wie ihr meint, denn es ist die dritte Stunde des Tages, sondern dies ist es, was durch den Propheten Joels gesagt ist: Und es wird geschehen in den letzten Tagen, spricht Gott, daß ich von meinem Geist ausgießen werde auf alles Fleisch..."**

Der Heilige Geist kann sich manchmal in einer Person so manifestieren, daß es so aussieht, als ob diese von zuviel Wein betrunken ist. Ich persönlich habe miterlebt, daß ganze Versammlungen „betrunken waren vom Heiligen Geist". Ich habe es auch selbst erlebt. Es gab Zeiten, an denen es mir nicht möglich war zu stehen oder zu predigen, während solch eines Erlebnisses. Wenn der Heilige Geist auf diese Weise ausgegossen wird, lachen Menschen unkontrollierbar, weinen, oder sitzen oder liegen still da. Manche sind nicht einmal mehr in der Lage zu laufen oder sogar zu sprechen.

Psalm 126, 1 - 3 (Elberfelder)
Als der Herr die Gefangen Zions zurückführte,
waren wir wie Träumende.
Da wurde unser Mund erfüllt mit Lachen
und unsere Zunge mit Gesang.
Da sagte man unter den Nationen:
„Der Herr hat Großes für sie getan!"
Der Herr hat Großes für uns getan,
worüber wir froh sind.

Diese Freude des Heiligen Geistes zerbricht Bedrückung und Schwermütigkeit. Sie ist auch ein Zeichen von einem tiefen Werk der Heilung in dem Herzen eines Menschen. Meine Frau Lisa ging durch eine Zeit, in der sie während der Gebetszeiten viel weinte, da der Herr tiefe Wunden aus Ihrer Vergangenheit heilte. Eines Tages, während einer Zeit in Seiner Gegenwart, bekam sie eine Freisetzung. Als sie schon eine ganze Zeit vor Ihm weinte, fing sie plötzlich an zu lachen. Tränen strömten ihr Gesicht hinunter, als sie gleichzeitig weinte und lachte. Letztlich brach ungehinderte Freude aus ihr hervor und sie rollte auf dem Fußboden herum. Sie war erschöpft, doch ihr Gesicht strahlte nach diesem Erlebnis von der Herrlichkeit des Herrn. Sie wußte, daß Er einen Bereich in ihrem Herzen, der tief verletzt war, geheilt hatte und ihre Beziehung mit dem Herrn wuchs.

Der Herr gab ihr einen *„Geist der Freude, anstatt der Trauer"* wie die Schrift in Jesaja 61,1 -3 sagt: *Der Geist Gottes, des Herrn, ist auf mir... zu trösten alle Trauernden, aufzumuntern die Trauernden Zions, ihnen Schönheit statt Asche zu geben,* **Freudenöl** *statt Trauer, ein Gewand des Lobpreises anstatt eines schwermütigen Geistes..."* (wörtliche Übersetzung aus dem Englischen)

Öl

Matthäus 25, 1 - 8 (Schlachter)
Dann wird das Reich der Himmel
zehn Jungfrauen gleichen,
die ihre Lampen nahmen und dem Bräutigam
entgegengingen.
Fünf von ihnen aber waren klug und fünf töricht.
Die Törichten nahmen zwar ihre Lampen,
aber sie nahmen kein Öl mit sich.
Die Klugen aber nahmen Öl in ihren Gefäßen
mitsamt ihren Lampen
Als nun der Bräutigam auf sich waren ließ,
wurden sie alle schläfrig und schliefen ein.
Um Mitternacht aber entstand ein Geschrei:
Siehe, der Bräutigam kommt! Geht aus, ihm entgegen!
Da erwachten alle jene Jungfrauen
und machten ihre Lampen bereit.
Die Törichten aber sprachen zu den Klugen:
Gebt uns von eurem Öl, denn unsere Lampen erlöschen!

Durch die Bibel hindurch bezieht sich Öl auf die Salbung des Heiligen Geistes. Als wir die Kranken mit Öl gesalbt und im Glauben gebetet haben, heilte Gott sie. Jakobus 5, 14-15 sagt: *„Ist jemand von euch krank? Er soll die Ältesten der Gemeinde zu sich rufen lassen; und sie sollen für ihn beten und ihn dabei mit Öl salben im Namen des Herrn. Und das Gebet des Glaubens wird den Kranken retten, und der Herr wird ihn aufrichten; und wenn er Sünden begangen hat, so wird ihm vergeben werden."* (Schlachter)

Ich diente in einer Gemeinde, die mitten in den Slums von Panama City / Mittelamerika war. Das Kirchengebäude hatte keine Fenster und war mit ungefähr 700 Menschen gefüllt, die auf Holzbänken saßen. Als wir dabei waren für die Menschen zu beten und sie mit Öl salben wollten, bemerkten wir, daß wir gar kein Öl hatten. Als wir jedoch dem Herrn gehorchten und begannen den kranken Menschen und allen, die eine Berührung von Gott begehrten, die Hände aufzulegen, fing übernatürliches Öl an zu fließen. Bei manchen Menschen waren der Kopf und die Hände mit diesem Öl bedeckt, das einfach aus dem Nichts floß. Wir hatten keine Ahnung, daß dies geschehen würde, doch als wir den Schritt im Glauben und Gehorsam taten, überraschte uns Gott und stellte sein übernatürliches Öl zur Verfügung.

Ein ähnliches Ereignis sehen wir beim Propheten Elisa und der Witwe mit dem Ölkrug.

2. Könige 4, 1 - 7 (Elberfelder)

Eine Frau von den Frauen der Prophetensöhne schrie zu Elisa: Dein Knecht, mein Mann, ist gestorben, und du hast doch selbst erkannt, daß dein Knecht den Herrn fürchtete. Nun aber ist der Gläubiger gekommen, um meine beiden Söhne für sich als Sklaven zu nehmen.

Da sagte Elisa zu ihr: Was soll ich für dich tun?
Sag mir, was du im Haus hast! Sie sagte:
Deine Magd hat gar nichts im Haus als nur einen Krug Öl.
Da sagte er: Geh hin, erbitte dir Gefäße von draußen, von all deinen Nachbarinnen, leere Gefäße,
aber nicht zu wenige!

Dann geh hinein und schließe die Tür hinter dir und hinter deinen Söhnen zu und gieß in all diese Gefäße;
und was voll ist, stelle beiseite!
Und sie ging von ihm weg und schloß die Tür hinter sich und hinter ihren Söhnen zu.

Während sie ihr die Gefäße reichten, goß sie ein.
Und es geschah, als die Gefäße voll waren, da sagte sie zu ihrem Sohn: Reiche mir noch ein Gefäß!

Er aber sagte zu ihr:
Es ist kein Gefäß mehr da.
Da kam das Öl zum Stillstand.

Und sie kam und berichtete es dem Mann Gottes, und der sagte: Geh hin, verkaufe das Öl und bezahle deine Schulden! Du aber und deine Söhne, ihr könnt von dem restlichen Öl leben.

Es ist offensichtlich, daß dies ein übernatürlicher Ölfluß war, genauso wie Elisa es prophezeit hatte.
Als die Witwe es in die Gefäße eingoß, sah sie, daß das Öl nicht ausging, bis ihr die Gefäße ausgingen.
Gott stellte das Öl zur Verfügung, das gebraucht wurde.

Das Außergewöhnliche

Andere Beispiele für Manifestationen des Heiligen Geistes, die ich erlebt habe, sind:
- Menschen, die starr wie Statuen sind
- Menschen, die sich drehen wie Kreisel
- Menschen, die stürmisch und schnell herumrennen, als ob sie von einer unerklärbaren Salbung angeregt sind
- Menschen, die auf dem Boden hin- und herrollen
- Menschen, die zittern.
- Übernatürliche Düfte
- Goldstaub, der eine Person bedeckt, nachdem der Heilige Geist auf sie gekommen ist
- „Trancen"
- Das Hören himmlischer Musik und den Gesang von Engeln.

Es ist wichtig zu glauben, daß für Gott „alle Dinge möglich sind" und wir Gottes Fähigkeit, sich auf der Erde zu offenbaren so wie es ihm beliebt, nicht einschränken. Ich glaube jedoch nicht, daß wir Lehren oder Dienste um das herum aufbauen sollten was sich ereignet, sondern vielmehr sollten wir auf das Wort Gottes bauen.

Wir müssen die Früchte von dieser Art von Dienst prüfen. Werden Menschen errettet, geheilt und im Heiligen Geist getauft? Wenn der Heilige Geist am Werk ist, werden wir immer den Dienst Jesus Christi offenbart sehen, als Retter, Heiler, Befreier und als denjenigen, der mit dem Heiligen Geist und Feuer tauft. Derjenige der dient, muß Gott stets verherrlichen und der Manifestation erlauben, die Menschen auf das Kreuz hinzuweisen.

Die Frage, die viele stellen, ist: Wie können wir wissen, wann es von Gott ist und wann es dämonischer Natur ist? Ich glaube die Antwort liegt darin, ein heiliges und hingegebene Leben vor Ihm zu leben und Kenntnis vom Wort Gottes zu haben, damit wir unterscheiden können, was von Gott ist und was nicht von Ihm ist.

Hebräer 5, 14 (Schlachter)
Die feste Speise aber ist für die Gereiften, deren Sinne durch Übung geschult sind zur Unterscheidung des Guten und des Bösen.

Hebräer 4, 12 - 13 (Luther)
Denn das Wort Gottes ist lebendig und kräftig
und schärfer als jedes zweischneidige Schwert,
und dringt durch, bis es scheidet Seele und Geist,
auch Mark und Bein,
und ist ein Richter der Gedanken und Sinne des Herzens.
Und kein Geschöpf ist vor ihm verborgen,
sondern es ist alles bloß und aufgedeckt
vor den Augen Gottes,
dem wir Rechenschaft geben müssen.

Der Heilige Geist führt uns in alle Wahrheit und gibt Urteilsvermögen und Einsicht. Wir müssen eine enge Beziehung mit Ihm anstreben. Wenn wir Ihn kennen, sind wir in einer Position des größeren Vertrauens und der Einsicht in die Wahrheit.

Es ist auch sehr wichtig offen zu bleiben für Korrekturen und Ratschläge und nicht zu erlauben, daß Stolz und Eifersucht in unsere Herzen hineinkommen, die göttliche Ratschläge und Verantwortlichkeit verhindern werden. Wir müssen stets als Mann oder Frau der Integrität wandeln und unter Autorität sein. Das ist unser Schutz. Wir müssen Beziehungen mit denjenigen haben und Verantwortlichkeit ihnen gegenüber haben, die in die Regierung Gottes berufen sind, ansonsten sind wir Abtrünnige und können beeinflußt und getäuscht werden durch lügende und verführende Geister, die uns dazu bringen werden, von der Wahrheit des Wortes Gottes und dem Schutz des Leibes Christi abzuweichen.

Wir sollten immer in Unterordnung laufen und Gottes Bedingungen unterliegen, einer dem anderen und dem unfehlbaren Wort Gottes unterstehen. Als Diener des Evangeliums sollte unsere Betonung, egal wie spektakulär die Manifestation auch ist, immer sein, direkt auf Jesus Christus und Sein Wort hinzuweisen. „ Er (Jesus), der Ausstrahlung seiner Herrlichkeit und Abdruck seines Wesens ist ..." (Hebräer 1,3 Elberfelder) Jesus repräsentiert das Wesen und das Bild des Vaters. Solange nun die Früchte der Manifestation Gott Ehre einbringen, können wir sicher sein, daß Gott involviert ist. Gott ist Liebe und bringt Frieden, Freude, Freiheit und Segnungen.

Der Feind der Erweckung

Religion ist der Hauptfeind der Erweckung. Religiöse Menschen ermordeten den Sohn Gottes und verfolgten und töteten dann auch Seine Jünger. 2. Timotheus 3,5 beschreibt den religiösen Geist so: *„die eine Form der Gottseligkeit haben, deren Kraft aber verleugnen. Und von diesen wende dich weg!"* (Elberfelder) Diese Haltung will Menschen und ihre Leben kontrollieren. Sie macht sich mehr Sorgen darüber, wie die äußerliche Erscheinung von Dingen aussieht, als der Zustand des Herzens. So lange Menschen durch die Rituale des Glaubens gehen, ist die Religiosität zufrieden.

Die Religion vergisst, daß Jesus der Herr ist. Wenn der Heilige Geist sich bewegt und das Leben der Menschen berührt, sollten wir darauf reagieren, indem wir nachgeben und nicht versuchen derjenige zu sein, der die Kontrolle hat. Die Sache ist die, wenn es um Religiosität geht, daß sie Jesus nicht als Herrn anerkennt und Ihm die Kontrolle nicht überlassen will.

Innere Haltungen des Herzens, wie Stolz, Eifersucht und Streit, können die Bewegung Gottes in und durch das Leben einer Person verhindern. Eine Herzenshärte aufgrund von Unglaube und Sünde wird hin und wieder eine Person dazu veranlassen, widerspenstig und kritisch gegenüber den Dingen des Heiligen Geistes zu sein. Unkenntnis steht normalerweise damit im Zusammenhang und diese muß durch die mutige Predigt des Wortes Gottes konfrontiert werden.

Die Demonstration der Kraft Gottes muß auch weitergehen, keine Entschuldigungen sollten ausgesprochen werden, denn wir schämen uns nicht des Evangeliums und der Kraft, die es mit sich bringt. Jesus machte nie Kompromisse, noch hörte er auf wegen Kritik oder Herzenshärte. Die Menschen die diese Haltungen hatten, empfingen einfach keine Berührung von Gott, keine Heilung, Befreiung usw. *„ Und sie ärgerten sich an ihm. Jesus aber sprach zu ihnen: Ein Prophet ist nicht ohne*

Ehre, außer in seiner Vaterstadt und in seinem Haus. Und er tat dort nicht viele Wunderwerke, wegen ihres Unglaubens."
(Matthäus 13, 57-58 Elberfelder)

Wir müssen uns durch die Opposition hindurchzwingen und dürfen nicht den Mut verlieren. Gott wird uns nicht fallen lassen, wenn wir nicht die Salbung aufs Spiel setzten für die Menschenfurcht. Viele Male ging Jesus einfach voran und tat genau das, von dem Er wußte, daß es die religiösen Menschen wütend machen würde.
Zum Beispiel:

Matthäus 12, 10 - 15 (Elberfelder)
Und siehe, da war ein Mensch, der eine verdorrte Hand hatte. Und sie fragten ihn und sprachen:
Ist es erlaubt, am Sabbat zu heilen?
damit Sie ihn anklagen könnten.
Er aber sprach zu ihnen: Welcher Mensch wird unter euch sein, der ein Schaf hat und, wenn dieses am Sabbat in eine Grube fällt, es nicht ergreift und herauszieht?
Wieviel wertvoller ist nun ein Mensch als ein Schaf!
Also ist es erlaubt am Sabbat Gutes zu tun.
Dann spricht er zu dem Menschen:
Strecke deine Hand aus!
Und er streckte sie aus, und sie wurde wiederhergestellt, gesund wie die Andere.
Die Pharisäer aber gingen hinaus und hielten Rat gegen ihn, wie sie ihn umbringen könnten.
Als aber Jesus es erkannte, entwich er von dort;
und es folgten ihm große Volksmengen,
und er heilte sie alle.

Wenn die Kraft Gottes demonstriert wird, sind die Menschen entweder außer sich vor Freude oder sie werden wütend und aufgebracht. Beide Reaktionen auf die Kraft Gottes sind biblisch. Die Bibel sagt in Matthäus 21, 42-44, daß Jesus der „Eckstein" für diejenigen ist, die glauben, doch daß der gleiche Stein auch zu einem Stein des Anstoßes für andere werden kann. Beide Reaktionen sind das Ergebnis davon, daß das Evangelium in einer effektiven Weise gepredigt wurde.

Matthäus 21, 42 - 44 (Elberfelder)
Jesus spricht zu ihnen: Habt ihr nie in den Schrift gelesen:
„Der Stein, den die Bauleute verworfen haben,
dieser ist zum Eckstein geworden;
von dem Herrn her ist er dies geworden,
und er ist wunderbar in unseren Augen"?
Deswegen sage ich euch: Das Reich Gottes wird von euch weggenommen und einer Nation gegeben werden,
die seine Früchte bringen wird.
Und wer auf diesen Stein fällt, wird zerschmettert werden;
aber auf wen er fallen wird, den wird er zermalmen.

Kapitel 7

Schlüssel zur Salbung

Die Beziehung mit Gott

Das Leben und der Dienst Jesu ist der Schlüssel für uns, um die Salbung zu verstehen. Wir sehen, daß Jesus Seinen himmlischen Vater liebte und das Verlangen hatte, Ihn zu kennen und zu erfreuen. Seine Liebesbeziehung mit dem Vater motivierte Ihn zu gehorchen, sogar bis zu dem Punkt des Todes am Kreuz.

Die Beziehung mit unserem himmlischen Vater wird die Salbung in unser Leben bringen. Dies ist der wichtigste Aspekt der Salbung. Der Grund dafür ist, daß die Salbung eine Person ist, die dritte Person der Dreieinigkeit. Sein Name ist Heiliger Geist.

Lukas 3, 21 - 22 (Schlachter)
Es geschah aber, als alles Volk sich taufen ließ und auch
Jesus getauft wurde und betete,
da tat sich der Himmel auf,
und der Heilige Geist stieg in leiblicher Gestalt,
wie eine Taube auf ihn herab, und eine Stimme ertönte aus
dem Himmel, die sprach: Du bist mein geliebter Sohn;
an Dir habe ich Wohlgefallen.

In dieser Passage, als Jesus zu Johannes dem Täufer kam, um im Wasser getauft zu werden, wurde Er auch mit dem Heiligen Geist getauft. Als der Vater den Heiligen Geist sandte, um Jesus zu erfüllen, anerkannte und bestätigte Er offen Seine Beziehung mit Seinem Sohn. Der Vater drückte große Freude Seinem Sohn gegenüber aus, da Jesus den Willen des Vaters Beachtung schenkte und in totaler Unterordnung und völligem Gehorsam Ihm gegenüber wandelte. Er gab Sein

Leben öffentlich dem Willen Seines himmlischen Vaters hin. Dies war der Moment der Hingabe oder der „Absonderung" Jesu für den Dienst, wozu Sein Vater Ihn gesandt hatte.

Hingabe und Prüfung

Gleich nach dieser Hingabe führte Gott, der Heilige Geist Jesus in die Wüste, um IHN zu erproben. Warum hat Gott dies getan? Ich glaube, daß während dieses Prüfungsvorgangs die Tiefe unserer Hingabe an Gott offenbart werden wird; und das Ausmaß Seiner Herrschaft in unseren Leben sich erweisen wird. Wir werden uns auseinandersetzen müssen mit unseren Schwachheiten und unserer Notwendigkeit der Kraft Gottes und der Gnade in unseren Leben. Wenn unsere Hingabe nicht „hundertprozentig" ist, wird Gottes Prüfung diese Bereiche offenbaren, die wir Ihm noch mehr und komplett übergeben müssen.

In Johannes erstem Brief an die Gemeinden, beschreibt er die Versuchungen, denen wir in dieser Welt begegnen, wegen unserer sündenbezogenen Natur:
Habt nicht lieb die Welt, noch was in der Welt ist! Wenn jemand die Welt lieb hat, so ist die Liebe des Vaters nicht in ihm. Denn alles, was in der Welt ist, die Fleischeslust, die Augenlust und der Hochmut des Lebens, ist nicht von dem Vater, sondern von der Welt. Und die Welt vergeht und ihre Lust; wer aber den Willen des Vater tut, bleibt in Ewigkeit. (1. Johannes 2,15-17 Schlachter)

Laßt uns kurz die Versuchung, mit der Adam und Eva im Garten Eden konfrontiert wurden, ansehen: *„Und die Frau sah, daß von dem Baum* (der Erkenntnis von Gut und Böse) *gut zu essen wäre* **(die Fleischeslust)**, *und daß er eine Lust* (eine begehrenswerte Sache) *für die Augen* **(Lust für die Augen)** *und ein begehrenswerter Baum wäre, weil er weise macht* **(der Hochmut des Lebens)**; *und sie nahm von seiner*

Frucht und aß, und sie gab davon auch ihrem Mann, der bei ihr war, und er aß. (1. Mose 3,6 Schlachter)

Jesus überwand diese drei Versuchungen des Fleisches: die Fleischeslust, die Augenlust und den Hochmut des Lebens, indem er in Seiner Liebe, Seinem Gehorsam und Seiner Hingabe zum Vater nicht schwankte. Seine Beziehung mit Gott als Sohn war sicher und Er war bereit die Angriffe des Feindes mit dem Schwert des Geistes, dem Wort Gottes, abzuwehren. Jesus sagte: *„Es steht geschrieben..."*

Wenn wir die Versuchungen Christi nach Seiner Taufe ansehen, werden wir die gleichen alten Taktiken der gerissenen alten Schlange sehen. Lukas 4,1-15 (Schlachter): *„Jesus aber, voll heiligen Geistes, kehrte vom Jordan zurück und wurde vom Geist in die Wüste geführt und 40 Tage vom Teufel versucht.*
Und er aß nichts in jenen Tagen; und zuletzt, als sie zu Ende waren, war er hungrig. und der Teufel sprach zu ihm: **(Fleischeslust)** *Wenn du Gottes Sohn bist, so spricht zu diesem Stein, daß er Brot werde! Und Jesus antwortete ihm* (mit dem Wort Gottes) *und sprach:* **Es steht geschrieben: Der Mensch lebt nicht vom Brot allein, sondern von einem jeglichen Wort Gottes.**
Da führte der Teufel ihn auf einen hohen Berg **(Lust der Augen)** *und zeigte ihm alle Reiche der Welt in einem Augenblick. Und der Teufel sprach zu ihm: Dir will ich alle diese Macht und ihre Herrlichkeit geben; denn sie ist mir übergeben, und ich gebe sie, wem ich will. Wenn du nun vor mir anbetest, so soll alles dir gehören! Und Jesus antwortete ihm* (wieder mit dem Wort Gottes) *und sprach:* **Weiche von mir, Satan! Denn es steht geschrieben: Du sollst den Herrn, deinen Gott anbeten und ihm alleine dienen.**
Und er führte ihn nach Jerusalem und stellte ihn auf die Zinne des Tempels und sprach zu ihm: **(Der Hochmut des Lebens)** *Wenn du der Sohn Gottes bist, so stürze dich von hier hinab; denn es steht geschrieben: Er wird seinen Engeln*

deinetwegen Befehl geben, daß sie dich behüten, und sie werden dich auf den Händen tragen, damit du deinen Fuß nicht an einem Stein stößt. Und Jesus antwortet ihm und sprach zu ihm: Es ist gesagt. **Du sollst den Herrn, deinen Gott, nicht versuchen!**

Diese drei Punkte der Versuchung: Die Lust des Fleisches, die Lust der Augen und der Hochmut des Lebens sind überwunden durch unseren Herrn in der Wüste. Der Teufel griff auch während dieser Begegnung die Position Jesu und Seine Person in Gott an. Erinnere dich, Jesus war gerade durch Johannes den Täufer als Messias hervorgehoben worden- *„das Lamm Gottes, welches die Sünde der Welt hinwegnimmt"-* und jetzt ist Er an einem Ort in der Wüste weit weg von den Augen der Menschheit, und er wird konfrontiert mit: *„Wenn du (wirklich) der Sohn Gottes bist...."* (Lukas 4,3 Elberfelder). Es ist interessant hier festzuhalten, daß Adam und Eva in 1. Mose 3,1 mit ähnlich verdrehten Worten versucht wurden, *„Hat Gott wirklich gesagt..."* Es scheint eine Parallele zu geben bei der Versuchung des ersten Adams im Garten (der Fall der Menschheit) und der Versuchung des „zweiten Adams", Jesus, den Sohn Gottes (die Erlösung der Menschheit). Dies war eine beispiellose Prüfung durch die durchtriebene Schlange. Sie hatte ursprünglich den ersten Mann und die erste Frau belogen und getäuscht, Gott nicht zu gehorchen. Jetzt war sie gekommen, um den Einen zu prüfen, der allein die Menschheit von diesem Fluch durch Seinen Gehorsam erlösen könnte.

Auf die gleiche Weise macht der Teufel Jagd auf unsere Unsicherheiten, indem er in Frage stellt, wer wir in Christus sind, sowie unsere Position als Söhne und Töchter Gottes, und unsere Bestimmung Ihm zu dienen. So versucht er uns in die Falle des Stolzes zu locken. Wenn wir versuchen zu beweisen wie „geistlich" oder talentiert wir für andere sind, fangen wir an im Stolz des Lebens zu wandeln, anstatt in Demut und Schwachheit, die Gott voraussetzt, für den aufrichtigen Wandel in Seiner Kraft und Salbung. Stolz wird bewirken, daß die Sicht und die Aufmerksamkeit auf uns selbst gerichtet ist, anstatt darauf, Gott alle Ehre und Herrlichkeit zu geben.

„... Deshalb spricht er: *Gott widersteht den Hochmütigen, den Demütigen aber gibt er Gnade.*" (Jakobus 4,6 Elberfelder) Stolz ist so subtil und doch ist er solch ein großer Stolperstein. Ich glaube Stolz und Lust sind das wirkliche Fundament unserer sündigen Natur. Nimm dich in Acht vor diesen Fallen.

Er wird die Tiefe unserer Liebe für Ihn und unser Bekenntnis, Seinen Wegen der Gerechtigkeit zu folgen, prüfen. Suchen wir zuerst das Königreich Gottes oder suchen wir in Wahrheit danach, unsere eigenen Vorstellungen und Ziele im Leben voranzutreiben? Prüfungen an Orten oder in Umständen der Wildnis werden uns für Gott als bereit oder nicht bereit herausstellen, um uns in die Fülle Seiner Kraft und Salbung einzuführen. Du kannst dein Bekenntnis zu Gott aussprechen. Ab dem Zeitpunkt jedoch, an dem Du damit konfrontiert wirst, dein Bekenntnis einzuhalten, wirst Du herausfinden, wo Du mit Deiner Hingabe stehst.
So verfestigt die Hingabe mit der Prüfung das Bekenntnis.

Es gab nichts in Jesus, das der Teufel finden konnte, um Fuß zu fassen: „ *...denn der Fürst der Welt kommt; und in mir hat er gar nichts; aber damit die Welt erkenne, daß ich den Vater liebe und so tue, wie mir der Vater geboten hat.*" (Johannes 14,30-31 Elberfelder) Jesus hatte keine falschen Motive oder versteckte Absichten in seinem Herzen, außer dem Vater zu gefallen und Seinen Willen zu tun. Er sagte sogar in Johannes 4,43: *„Meine Speise ist die, daß ich den Willen dessen tue, der mich gesandt hat, und sein Werk vollbringe."* (Schlachter) Er tat nichts, es sei denn, daß Er es den Vater tun sah.

Johannes 5, 30 (Schlachter)
Ich kann nichts von mir selbst aus tun.
Wie ich höre, so richte ich;
und mein Gericht ist gerecht,
denn ich suche nicht meinen Willen,
sondern den Willen des Vaters, der mich gesandt hat.

Johannes 5, 19 - 20 (Schlachter)
...Der Sohn kann nichts von sich selbst aus tun, sondern nur,
was er den Vater tun sieht;
denn was dieser tut, das tut gleicherweise auch der Sohn.
Denn der Vater liebt den Sohn
und zeigt ihm alles, was er selbst tut...

Wieviel ist von der „Welt" in uns? Er wird unsere Leben, die Reinheit unserer Herzen, unsere Motive und unsere Absichten unter die Lupe nehmen, um zu wissen, ob Er uns Seine Kraft und die Salbung Seines Geistes anvertrauen kann.

Gleich nach dieser Prüfung in der Wüste begann Jesus Seinen Dienst in der Kraft des Heiligen Geistes: „Und Jesus kehrte in der Kraft des Geistes zurück nach Galiläa." (Lukas 4,14 Schlachter)

Erst nach Seiner Hingabe und Prüfung begann Jesus in der Salbung zu dienen. *Das innere Werk des Heiligen Geistes führt zu einem Fluß der Kraft nach außen.* Für einige wird es ein andauerndes Werk der Hingabe und Prüfung sein. Doch für unseren Herrn, der keine sündige Natur hatte, wurde diese Handlung vollbracht, als ein Beispiel für uns.

Gesalbt für eine Bestimmung

Sprüche 29, 18 (wörtlich übersetzt aus dem Englischen)
„Wo es keine Vision gibt, geht das Volk zugrunde"

Die Salbung basiert auf unserer Beziehung mit dem Vater und auf unserer Hingabe an die Vision und Bestimmung, die von Ihm kommen. Unsere Zukunft wird stark von unseren gegenwärtigen Träumen und Visionen beeinflußt, die Gott in unsere Herzen gelegt hat. Wie ein klitzekleiner Samen, der in die Erde gepflanzt, bewässert und gepflegt wird, damit er aufwächst und zu etwas Sicht- und Fühlbarem wird, so ist die Vision, die in unseren Herzen durch Gott geboren wird. Bewässert durch den Heiligen Geist, gepflegt zur Fruchtbarkeit. Er beginnt das Werk in uns, bereitet uns vor, damit es vollbracht wird.

Während wir über diese gottgegebene Vision meditieren, wird sie anfangen in unseren Herzen zu brennen. Wie Glaube, wird sie zur *Verwirklichung (o. Grundlage) werden, „dessen was man hofft, ein Überführtsein von Dingen, die man nicht sieht".* Sie wird zur Leidenschaft werden, die uns antreibt vorwärts zu drängen, sogar durch viele Hindernisse hindurch, damit wir das erwünschte Ziel erreichen, das Gott vor uns gesetzt hat. So werden wir unsere Bestimmung erfüllen, die Er für uns vor Grundlegung der Welt vorbereitet hat.

Der Feind wird mit vielen Methoden versuchen dich dazu zu bringen, deine Vision und deinen Traum aufzugeben. Doch wie Paulus schon den Philippern schrieb: Dränge vorwärts und schau nicht zurück, und kämpfe den guten Kampf des Glaubens. Wenn Gott dir eine Verheißung gegeben hat, dann erlaube weder Zweifel noch Entmutigung dich von der Verfolgung dieser Vision abzuhalten.

Viele sehen nie, wie ihre Vision Realität wird, weil sie in die Fallen gehen, die vor ihnen aufgestellt sind. Das effektivste

Werkzeug, das der Feind benutzt um uns vom Weg abzubringen, ist Beleidigung. Wenn Unvergebenheit oder Beleidigung sich in unseren Herzen einnistet, kann diese zu einem richtigen Stolperstein werden; eine Falle, die uns davon abhalten wird, in Gottes perfektem Plan vorwärtszugehen.
Lerne in Demut und Gehorsam gegenüber Gottes Wort zu wandeln. Dies wird während dieser Nachfolge unaufhörlich erforderlich sein.

Der nächste Schritt bei der Erfüllung deiner Vision ist Gott zu erlauben, Bestimmung in uns zu gebären. Vision und Bestimmung gehen Hand in Hand. Werde ein Märtyrer für Christus, lege aus freien Stücken dein Leben um Seinetwillen nieder; Geben wir uns völlig Gott und Seiner Bestimmung für uns hin. Jesus sagte, daß es Seine Speise war den Willen und die Werke des Vaters zu tun. Jesus ist unser Beispiel. Laßt uns unsere Gesichter hart wie Kieselsteine machen und bereit sein die Leiden Christi, die Prüfungen und Bedrängnisse, die unseren Glauben erproben und Ausdauer hervorbringen, zu ertragen.

Bestimmung wird durch Leid geboren. Es ist ein Vorgang des Pressens und Dehnens, der uns in der Hand des Meisters gefügig macht. Sei nicht bestürzt, denn Enttäuschung, Isolation, Zurückweisung und Misserfolg können ein Teil dieses Prozess sein.

Wir müssen von Gottes Liebe für uns völlig überzeugt sein, daß er vertrauenswürdig ist und nicht lügen kann, müssen völlig seiner Fähigkeit vertrauen, das Werk in uns und durch uns zu vollenden. Dann wird unsere Vision vermischt mit Glauben eine Bestimmung und eine Überzeugung hervorbringen, welche in unseren Herzen brennen wird wie ein Feuer, das nicht ausgehen wird.

Wir werden uns danach sehnen zu gehorchen, egal was es kostet, weil Er es wert ist. Er, Jesus, ist unsere Bestimmung und unser Siegespreis. Wegen dieses Werkes der Hingabe in unseren Herzen, ist Bestimmung eine natürliche Folge. Da unsere Leben jetzt diesem liebenden himmlischen Vater ausgeliefert sind, ist Sein Wille für uns jetzt auch unser Wille und wir sehnen uns danach zu gehorchen!
Überzeugung bringt Bestimmung hervor und Bestimmung Gehorsam. Gehorsam verlangt Aktion. Dies ist die Zeit zu handeln und unsere Träume und Visionen in die Realität umzusetzen. Wir sind verantwortlich für die Seelen von Männern, Frauen und Kindern in der ganzen Welt. Unsere Verantwortung vor Gott ist, dafür zu sorgen, daß Menschen vom Königreich der Finsternis in das Königreich des Lichts versetzt werden. Wir müssen uns mit dem Herzen Jesu und Seiner Leidenschaft für die Welt identifizieren.

Wir sind verantwortlich, den einzelnen Menschen und den Nationen dieser Welt Gottes Liebe zu zeigen. Woher sollen sie es wissen, wenn Sie nicht die Gute Nachricht der Erlösung gehört haben? Es ist jetzt Zeit fruchtbar zu sein in dem, was wir für den Herrn tun.

Die Salbung ist keine Formel. Sie wird aus unserer Beziehung mit Gott geboren. Menschen zu lieben ist die Schlüsseleigenschaft für den Fluß der Salbung, denn der Dienst wird aus dem Herzen Gottes und Seiner Liebe für die Menschheit geboren. Sie ist ein Überfluß unserer Liebe für Ihn. Wir verlangen nur aus diesem Grund danach in Seiner Kraft und Salbung zu laufen, nicht aus Ehrsucht oder persönlichem Vorteil.

Wir müssen Sünde und die Gebundenheit, die sie nach sich zieht, hassen. Sünde, Krankheit, Gebundenheit und Tod sind unsere Feinde. Wir dürfen diese Dinge nicht in unseren eigenen Leben tolerieren, noch in den Leben anderer, sondern sollten vielmehr eine Leidenschaft dafür haben, Freiheit zu denen kommen zu sehen, die vom Teufel unterdrückt werden.

Einige andere wichtige Punkte zur Erinnerung: Wir sind Diener und keine Abtrünnigen. Wir kümmern uns um Seine Angelegenheiten, nicht um unsere. Er benutzt uns; wir benutzen nicht Ihn. Er ist der Wunderwirkende, nicht wir. Wir gehorchen Seinem Missionsbefehl, tun unseren Teil, indem wir Kranken die Hände auflegen, das Evangelium predigen und für Menschen beten. Wir sind nicht verantwortlich für die Ergebnisse. Dies ist alleine die Sache Gottes und Seiner unendlichen Weisheit.

Die Salbung bringt Freiheit von den Gebundenheiten der Sünde, Krankheit, Armut und von allen Arten der Unterdrückung und Besessenheit. Sogar der Tod kann durch die Salbung gebrochen werden. Die Salbung zerbricht das Joch. (Jesaja 10,27) Die Salbung ist Gottes Ausrüstung für den Dienst. Die Salbung ist es, die benötigt wird, um die Arbeit zu erledigen, soweit es das Königreich Gottes betrifft.

Kapitel 8

Der Ruf zu „GEHEN"

Matthäus 9, 36 - 38 (Schlachter)
Als er aber die Volksmenge sah,
empfand er Mitleid mit ihnen,
weil sie ermattet und vernachlässigt waren
wie Schafe, die keinen Hirten haben.
Da sprach er zu den Jüngern:
Die Ernte ist groß, aber es sind wenige Arbeiter.
Darum bittet den Herrn der Ernte,
daß er Arbeiter in seine Ernte aussende!

Der Ruf der Ernte

Nachdem ich eine Botschaft über „der Herr unser Heiler" in einer Gemeinde in Brasilien mitgeteilt hatte, begann Gott sein Wort zu bestätigen. Menschen wurden von verschiedensten Beschwerden geheilt. Ein Mann lief das erste Mal seit 8 Jahren wieder. Als einige realisierten, was Gott in unserer Mitte gerade tat, rannten sie aus dem Gebäude, um eine Frau zum Gottesdienst herzubringen, die auf der anderen Straßenseite wohnte. Sie war sehr krank und hatte viele Probleme. Als sie gefragt wurde: „Willst du frei sein?", sagte sie: „Ja!" Als wir für sie beteten, warf sie der Dämon, der sie gebunden hatte, auf den Boden und begann sie zu quälen. Durch die knurrenden Laute des Dämons hindurch konnten wir ihre zitternde Stimme sagen hören: „Bitte helft mir!" Wir trieben den Dämon aus und sie stand auf und nahm den Herrn als ihren persönlichen Retter an.

Nicht alle Bedürfnisse, die in der Welt vorkommen, werden so dramatisch sein wie bei dieser kostbaren Frau, doch wir müssen realisieren, daß die Salbung Gottes auf unserem

Leben die Gefangenen frei setzen wird! Es gibt eine Vielzahl von Männern und Frauen, die in ihren Herzen ausrufen: Kann mir bitte jemand helfen? Sie sehnen sich verzweifelt nach einer Berührung des lebendigen Gottes. Gott hörte ihr Schreien und antwortete, indem Er Seinen Sohn Jesus Christus sandte, um die Menschheit zu retten. Wir haben die Antwort. Wir müssen hören und reagieren, indem wir die Hände, Füße und Boten Jesu Christi sind, Seine Botschafter, die Seine Erlösung, Heilung und Freiheit zu ihnen bringen. Identifizieren wir uns mit dem Herzen Gottes, da er so viel opferte: *„Denn so hat Gott die Welt geliebt, daß er seinen eingeborenen (o. einzig geborenen) Sohn gab.."* (Johannes 3,16 Elberfelder)

Drei Dinge nach denen die Welt ruft: Freiheit und Frieden, die Realität ihrer Existenz und das Bedürfnis anzubeten. Wir müssen diese Bedürfnisse erkennen und ihnen begegnen, ob dies durch das Predigen des Wortes, dienen mit der Salbung oder auf einem natürlichen Weg ist, wie zum Beispiel: sie zu lieben, zu ernähren oder sie anzukleiden, um nur ein paar Dinge zu nennen. Als Leib Christi sind wir bevollmächtigt den Menschen dieser Welt Leben, Heilung und Hoffnung mitzuteilen.

Der Auftrag

Jesaja 9, 1 - 2 (wörtliche Übersetzung aus dem Englischen)
Das Volk, daß in Finsternis wandelte
hat ein großes Licht gesehen;
diejenigen, die im Land des Todesschatten wohnten,
ein Licht ist über ihnen aufgeleuchtet.
Du hast das Volk vermehrt und seine Freude gesteigert;
sie jubeln vor Dir.
**Entsprechend der Freude an der Ernte,
wie Menschen sich freuen, wenn sie die Beute teilen.**

Wenn wir die Welt heute anschauen, hören wir von Kriegen, Krankheiten und Hungersnöten, einhergehend mit allen Arten von Gebundenheiten und Leiden. Wir müssen den Schrei der Menschheit hören. Die Menschheit sehnt sich nach der Erlösung, für die Jesus Christus bezahlt hat. Menschenmengen sind getrennt von Gott, verloren in Sünde, leidend an Krankheiten und unter dämonischer Unterdrückung. Die Zerstörungen der Sünde und das Wüten des Teufels vernichten sie. Die Menschen dieser Welt brauchen Jesus.

Das Evangelium muß gepredigt werden. Wir müssen es zu ihnen bringen, um jeden Preis. Menschenmengen sind in der Schwebe zwischen Himmel und Hölle und wir, der Leib Christi, haben die Antwort und die Verantwortung ihnen von dem befreienden Weg zu erzählen, der Wahrheit und dem Leben Jesu Christi. Von Seinem Plan der Errettung und von der Freiheit, die gefunden wird durch die Unterwerfung unter diesen ewigen Herrn und König. Wenn wir unseren Teil nicht tun, könnte es sein, daß viele das Evangelium nie hören und wir werden dafür zur Verantwortung gezogen werden vor Gott. Es gibt immer noch Milliarden von Menschen die Erlösung brauchen. Die Ernte der Seelen ist reif und bereit in das Königreich Gottes gebracht zu werden. Alles, was nötig ist, sind Arbeiter, die dem Wort des Herrn gehorchen: auf das Feld zu gehen und die Seelen, die Gott zur Errettung vorbereitet hat, zu ernten.

Prophezeie das Herz Gottes, damit sie Ihn erkennen können. Rufe sie in ihre Bestimmung hinein! Als Träger der Herrlichkeit und Gegenwart Gottes werden wir Hoffnung und Bestimmung bringen. Durch die Liebe und Kraft Gottes werden sie berührt und verändert.

Matthäus 10, 1 + 7 - 8 (Schlachter)
Da rief er seine zwölf Jünger zu sich und gab ihnen Vollmacht über die unreinen Geister, sie auszutreiben und jede Krankheit und jedes Gebrechen zu heilen.

Geht aber hin, verkündigt und sprecht:
Das Reich der Himmel ist nahe herbeigekommen!
Heilt Kranke, reinigt Aussätzige, weckt Tote auf, treibt Dämonen aus! Umsonst habt ihr empfangen, umsonst gebt es!

Dies ist eine meiner Lieblingsschriftstellen. Eine derart einfache und klare Anweisung, die Jesus Seinen Jüngern gibt. Unsere Bestimmung als Sein Volk ist, zu wandeln wie Jesus wandelte, zu proklamieren: *„Das Reich Gottes ist nahe herbeigekommen.",* den Gott der Bibel der Menschheit zu offenbaren. Die Botschaft und die Vorteile, die das Evangelium bringt, sind jetzt da, gerade in diesem Moment, für diejenigen, die an Ihn glauben. Wir predigen nicht nur eine Botschaft, sondern wir stellen der Welt den aufregendsten Gott und Freund vor, Jesus Christus!

Wenn wir predigen, müssen wir bereit sein zu geben was wir predigen. Wir dürfen nichts zurückhalten, was Er in uns investiert hat, denn *„Umsonst habt ihr empfangen, umsonst gebt es!".* Mache Jünger aus allen Nationen, heile die Kranken, reinige die Aussätzigen, treibe Dämonen aus und wecke die Toten auf. Wir sind berufen die Segnungen des Königreiches Gottes zu den Menschen auf der ganzen Welt zu bringen. Dies ist der Ruf und die Bestimmung für die Gemeinde Jesu Christi. Jesus sagte es seinen Jüngern, bevor Er zur rechten Hand des Vaters auffuhr: *„Geht hin in die ganze Welt und predigt das Evangelium allen Menschen der Welt."* Wir müssen gehorchen!

Was sagst du, wer ich bin?

Matthäus 16, 16 - 18 (Elberfelder)
Du bist der Christus, der Sohn des lebendigen Gottes. Und Jesus antwortete und sprach zu ihm: Glückselig bist du, Simon, Bar Jona; denn Fleisch und Blut haben es dir nicht geoffenbart, sondern mein Vater, der in den Himmeln ist.
Aber auch ich sage dir: Du bist Petrus, und auf diesem Felsen werde ich meine Gemeinde bauen, und des Hades Pforten werden sie nicht überwältigen.

Jesus fragt Seine Jünger in Matthäus 16,13-15: *„Was sagen die Menschen, wer der Sohn des Menschen ist? Sie aber sagen: Einige: Johannes der Täufer, andere aber: Elia; und andere wieder: Jeremia oder einer der Propheten. Er spricht zu ihnen: Ihr aber, was sagt ihr, wer ich bin?"* Jesus stellt uns die gleiche Frage: **Was sagst du, wer ich bin?"**

Wer ist dieser Jesus, Sohn des Menschen und Sohn Gottes, dem wir dienen?
Verfolgt und auf die Insel Patmos geschickt, nachdem er in einem Topf mit kochendem Öl nicht zu Grunde gerichtet werden konnte, empfängt der geliebte Jünger, Johannes, eine Offenbarung des auferstandenen und des verherrlichten Jesus Christus. Er schreibt den Gemeinden und beschreibt diesen auferstandenen Jesus, dem wir dienen, betrachtet Seine Größe und Seine Majestät:

Offenbarung 1, 4 - 8 (Schlachter)
Gnade sei mit euch und Friede von dem, der ist und der war
und der kommt, und von den sieben Geistern,
die vor seinem Thron sind,
und von Jesus Christus, dem treuen Zeugen,
dem Erstgeborenen aus den Toten,
und dem Fürsten über die Könige der Erde.
Ihm, der uns geliebt hat
und uns von unseren Sünden gewaschen hat
durch sein Blut,
und uns zu Königen und Priestern gemacht hat
für seinen Gott und Vater.
Ihm sei Herrlichkeit und die Macht von Ewigkeit zu Ewigkeit!
Amen.
Siehe, er kommt mit den Wolken,
und jedes Auge wird ihn sehen,
auch die, welche ihn durchstochen haben;
und es werden sich seinetwegen
an die Brust schlagen alle Geschlechter der Erde!
Ja, Amen. Ich bin das A und das O,
der Anfang und das Ende,
spricht der Herr, der ist und der war und der kommt,
der Allmächtige.

Kennen wir wirklich diesen Einen, dem wir dienen? Nehmen wir zu in der Erkenntnis von Ihm? Es ist so wichtig zu erkennen, daß wir Ihn nur zum Teil kennen und daß es so viel mehr gibt. Damit wir eine überwindende Art von Glauben besitzen, müssen wir verwurzelt und gegründet sein in der Erkenntnis der Wahrheit, wer Er wirklich ist. Ein Glaube, der uns zwingt unsere Leben niederzulegen um des Evangelium willens, sogar bis zum Tod: *„Und sie haben ihn überwunden um des Blutes des Lammes und um des Wortes ihres Zeugnisses willen und haben ihr Leben nicht geliebt bis in den Tod!"* (Offenbarung 12,11 Schlachter)

Mit Kühnheit und Zuversicht werden wir das Evangelium des Reiches proklamieren und *„die Pforten der Hölle werden uns nicht überwältigen."* (Matthäus 16,18 wörtlich übersetzt aus dem Englischen) Wir werden Ihn erkennen und von Ihm erkannt werden. Bemühe dich Ihm täglich nachzujagen und Ihn zu erkennen, diesen König, den Jesaja und der Apostel Johannes uns offenbarten: *„Sein Haupt aber und seine Haare waren weiß, wie weiße Wolle, wie Schnee; und seine Augen waren wie eine Feuerflamme... und aus seinem Mund ging ein scharfes, zweischneidiges Schwert hervor; und sein Angesicht leuchtete wie die Sonne in ihrer Kraft..."* (Offenbarung 1,14-16 Schlachter)

Die Vision des Königreiches

Wir dienen einem großen Gott. Wir müssen große Träume haben. Wenn wir die Offenbarung von Gottes Größe und Seiner Absicht nicht haben, werden wir eine begrenzte Vision haben. Wenn wir beten, *„Dein Reich komme. Dein Wille geschehe, wie im Himmel, so auch auf Erden."* (Matthäus 6,10 Schlachter), müssen wir uns das „große Bild" bezüglich dieses Gebets, das Jesus uns betreffend des Königreiches Gottes gegeben hat, ins Gedächtnis rufen.

Wir, groß oder klein, jung oder alt, Mann oder Frau, sind alle von entscheidender Bedeutung damit Sein Reich auf die Erde kommt und Sein Wille hier geschieht, wie er auch im Himmel geschieht. Wir mögen nicht fähig sein dies zu verstehen, doch es ist die Wahrheit. Wie wir, einzeln oder gemeinsam, genau hineingefügt werden in das Königreich Gottes hat Auswirkung und hängt zusammen mit Seinem großen Plan, hinsichtlich der ganzen Welt. *„Lasst uns aber wahrhaftig sein in der Liebe und wachsen in allen Stücken zu dem hin, der das Haupt ist, Christus, von dem aus der ganze Leib zusammengefügt ist und ein Glied am andern hängt durch alle Gelenke, wodurch jedes Glied das andere unterstützt nach dem Maß seiner Kraft*

und macht, dass der Leib wächst und sich selbst aufbaut in der Liebe." (Epheser 4,15-16 Luther)
Wir sind Teil des Königreiches Gottes, das hier auf der Erde gerade aufgerichtet wird, von jetzt an in die Ewigkeit hinein. Was für ein unvorstellbares Privileg.

Als Leib Christi sollte unsere Vision unsere Stadt oder den Wohnort, an dem wir leben, dann unsere Region und dann die Welt umfassen. Jesus sagt uns in Apostelgeschichte 1,8 : *„Aber ihr werdet Kraft empfangen, wenn der Heilige Geist auf euch gekommen ist; und ihr werdet meine Zeugen sein, sowohl in Jerusalem als auch in Judäa und Samaria und bis an das Ende der Erde."* (Elberfelder) Und: *„Geht hin in die ganze Welt und predigt das Evangelium der ganzen Schöpfung!"* (Markus 16,15 Elberfelder)

Ich hörte einmal jemanden sagen: „Zeige mir wie groß deine Vision ist und ich werde dir sagen wie groß dein Gott ist." Das ist bis zu einem gewissen Grad wahr. Eine begrenzte Vision schränkt sogar unsere Zusammenarbeit in Einheit mit anderen Gläubigen ein. Wir finden vielleicht heraus, daß unsere Vision eine Einheit mit der gottgegebenen Vision eines Anderen ergibt. Wir sind vielleicht derjenige für den sie gebetet haben, um dabei zu helfen es zustande zu bringen. Wir müssen die Welt von Gottes Perspektive aus sehen. Jesus hatte eine Welt-Vision und die sollten wir auch haben.

Wir mögen vielleicht eine Vision haben, aber ohne einen Plan werden wir nicht weit kommen. Kurzfristige und langfristige Ziele sind nötig, um Fortschritte in der Vision zu machen. Wenn wir nicht Schritte auf unsere Ziele hin unternehmen, werden wir unsere gewünschte Bestimmung nicht erreichen. Ohne einen Plan entdecken wir vielleicht, daß wir „ziellos rumschießen", ohne ins Schwarze zu treffen. Entmutigung ist eine gut bekannte Taktik unseres Gegenspielers, des Teufels. Wenn er uns überzeugen kann aufzugeben, dann war er erfolgreich im Erreichen seines Ziels, nämlich uns harmlos und erfolglos zu machen. Zu viele haben große Möglichkeiten des Durchbruchs verpasst, weil sie Angst hatten vor dem Versagen oder den Meinungen von Menschen. Und so taten sie nichts und verloren die Seelen, die für das Königreich Gottes gewonnen hätten werden können.

Bete und frage den Herrn nach einer Strategie, was die Vision für dein Leben anbelangt. Der Herr wird dir mit Weisheit und Führung antworten. Einige Leute glauben, daß Gott, da Er ja nun involviert ist, *Er* es geschehen lassen wird. Und so lehnen sie sich zurück und tun nichts. Offenbart der Herr jedoch was du tun mußt, dann ist es der Schlüssel, es in die Tat umzusetzen. Glaube ohne Handlung ist tot. Wenn wir unseren Teil tun, dann wird Gott uns die Gnade, Weisheit und die Kraft geben, die Ziele, die Er uns gegeben hat, zu erreichen. Tue *deinen* Teil! Bete, suche Gott, baue Beziehungen auf und gehe zügig auf deine Bestimmung zu. Dann wird Er *Seinen* Teil tun. Er wird deinen Weg führen, Türen öffnen und die erforderlichen Hilfsmittel herbringen.

Gottes Herz schlägt für Sein Volk und für die verlorenen Seelen. Am Pfingsttag, als der Heilige Geist auf die 120 Jünger fiel, saßen sie nicht nur da und sagten: „Oh, wie wunderbar ist das! Es ist so herrlich. Laßt uns das für uns selbst behalten und im Obergemach bleiben." Nein! Das ist nicht geschehen, weil die Jünger Zeit mit Jesus verbracht hatten und Sein Herz und Seine Liebe für die Welt kannten. Hätten Sie nach der Ausgießung des Heiligen Geistes nichts getan, hätte das im direkten Gegensatz gestanden zu dem Jesus, mit dem sie zu Abend gegessen hatten.

Erlaube Gott, durch Seinen Heiligen Geist, eine große Vision in dein Leben zu übermitteln. Da sie durch deinen Gehorsam heranwächst, werden dann Weisheit und Führung fließen, wie diese Vision auch vollbracht wird. Es wird übergehen in ein aktives Handeln und die Ernte der Seelen einzuholen.

Die Kraft der Einfachheit

1. Korinther 1, 17 (Schlachter)
Denn Christus hat mich nicht gesandt zu taufen,
sondern das Evangelium zu verkündigen,
und zwar nicht in Redeweisheit,
damit nicht das Kreuz des Christus entkräftet wird.

1. Korinther 2, 1 - 5 (Schlachter)
So bin auch ich, meine Brüder, als ich zu euch kam,
nicht gekommen, um euch in hervorragender Rede
oder Weisheit das Zeugnis Gottes zu verkündigen.
Denn ich hatte mir vorgenommen, unter euch nichts
anderes zu wissen als nur Jesus Christus,
und zwar als Gekreuzigten.
Und ich war in Schwachheit
und mit viel Furcht und Zittern bei euch.
Und meine Rede und meine Verkündigung bestand nicht in
überredenden Worten menschlicher Weisheit,
sondern in Erweisung des Geistes und der Kraft,
damit euer Glaube nicht auf Menschenweisheit beruhe,
sondern auf Gottes Kraft.

Wir müssen das Evangelium in einer Art und Weise predigen, damit es von allen empfangen und verstanden werden kann. Das Evangelium in Einfachheit gepredigt, ist die Kraft Gottes zur Errettung. Es bringt Ergebnisse hervor, wenn die Armen und Reichen, die Jungen und Alten, gebildet oder ungebildet, erkennen, daß sie Jesus als Retter unbedingt brauchen. Damit die Nationen der Welt mit ihren verschiedenen Kulturen und Hintergründen erreicht werden, müssen wir die einfache Botschaft des Evangeliums predigen, weil darin die Kraft Gottes liegt. Die Botschaft des Evangeliums hat die Fähigkeit in allen Völkergruppen, Sprachen und Kulturen zu wirken. Alles was benötigt wird sind offene, glaubende Herzen.

Viele Menschen handeln das Wort Gottes als eine intellektuelle Beschäftigung ab. Sie haben keine Erwartung was *den Gott des Wortes* anbelangt. Ich glaube wir betrüben den Herrn, wenn wir an Sein Wort auf diese Art und Weise herantreten. In Markus 16,20 heißt es: *„Sie aber gingen hinaus und verkündigten überall; und der Herr wirkte mit ihnen und bekräftigte das Wort durch die begleitenden Zeichen."* (Schlachter) Gott bestätigt Sein Wort, nicht unsere Philosophien oder Theorien darüber. Also ist es wichtig, daß wir unser Äußerstes tun, um Sein Wort unverfälscht und mit der Salbung des Heiligen Geistes auszusprechen.

Johannes 6, 44 (Elberfelder)
Niemand kann zu mir kommen,
wenn nicht der Vater, der mich gesandt hat, ihn zieht....

Niemand kann in die Errettung hineintreten, wenn nicht Gott, der Vater, diese Person durch den Heiligen Geist zieht. Wir dienen einem Wunder wirkenden Gott. Er kann eine ausweglose Situation nehmen und übernatürlich das schaffen, was auch immer für eine Lösung benötigt wird. Wunder und die Gaben des Heiligen Geistes sind da, um die Verlorenen zu erreichen. Was die Gemeinde Jesu vom Roten Kreuz oder irgendeiner anderen Wohltätigkeitsorganisation unterscheidet, ist die Kraft des Heiligen Geistes, um übernatürlich die Menschen zu heilen, wiederherzustellen und ihnen zu helfen.

Das Übernatürliche ist wesentlich bei der Predigt des Evangeliums. Die Wahrheit ist, daß es einige Menschen gibt, die ihr Leben Jesus nicht geben oder sich verändern werden, wenn nicht etwas Übernatürliches passiert. Vor ein paar Jahren ging ich in ein Gefängnis in Mittelamerika. Es ähnelte einem Gefangenenlager des 2. Weltkrieges mit Wachtürmen und Zäunen aus Stacheldraht. Es waren fast 1200 Häftlinge in dem Gefängnis, jedoch nur ungefähr 120 nahmen am Gottesdienst in der Kapelle teil, die in der Mitte des Gefängnishofes war.

Mir wurde gesagt, daß ich genau 1 Stunde Zeit hätte, um zu den Häftlingen zu sprechen. Als ich vor den Gefangenen stand, war es für mich wirklich eindeutig, daß sie die Botschaft des Evangeliums schon viele Male vorher gehört hatten. Allem Anschein nach kam drei Mal die Woche jemand in das Gefängnis und sprach zu ihnen. Ich erkannte, obwohl sie das Evangelium viele Male gehört hatten, hatte es sie nicht berührt oder irgendeine Veränderung gebracht.

Ich verbrachte die ersten 15 Minuten damit eine sehr einfache Botschaft des Evangeliums zu predigen. Sie schienen sehr gelangweilt und uninteressiert zu sein. Also fragte ich nach fünf Freiwilligen. Ich sagte ihnen, daß ich ihnen nun beweisen werde, daß der Jesus, von dem ich gerade gesprochen hatte, real war und daß sie Ihm persönlich viel bedeuten würden. Mit einem Mal waren sie alle sehr interessiert an dem, was ich zu sagen hatte. Bald kamen fünf Männer nach vorne und standen vor mir. Ich sagte ihnen, daß Jesus sie sehr gern hat und fragte, ob ich für sie beten dürfte. Die fünf Freiwilligen stimmten zu und schlossen ihre Augen und ich begann zu beten. Plötzlich fiel die Kraft des Heiligen Geistes gleichzeitig auf alle Fünf, sie fielen zu Boden und zitterten unter der Kraft des Heiligen Geistes.

Als die anderen Häftlinge die Kraft und Realität Gottes miterlebten, eilten auch sie in der Kapelle nach vorne und baten uns, auch für sie zu beten. Dies erregte solch ein Aufsehen, daß einige von den Insassen, die im Hof waren, zum Gebäude der Kapelle kamen und durch die Fenster sahen, um zu sehen was gerade geschah.

Viele wurden gerettet, geheilt und befreit an diesem Tag. Es war sehr interessant für mich, daß diese Männer, obwohl sie das Evangelium viele Male vorher gehört hatten, sehr willig waren Jesus in ihre Herzen aufzunehmen und Veränderung in ihr Leben zu bringen, als sie das Übernatürliche erlebten und erfuhren. Es verhält sich so, wie Paulus es in 1. Korinther 2,4-5 erklärt: *Und meine Rede und meine Verkündigung bestand nicht in überredenden Worten menschlicher Weisheit, sondern in Erweisung des Geistes und der Kraft, damit euer Glaube nicht auf Menschenweisheit beruhe, sondern auf Gottes Kraft.* (Schlachter)

Jesaja 10, 27 (Schlachter)
Und es wird geschehen an jenem Tag,
da wird seine Last von deinen Schultern weichen,
und sein Joch von deinem Hals;
ja das Joch wird gesprengt werden wegen der Salbung.

Die *Salbung zerbricht das Joch* und Menschenmengen werden freigesetzt. Die Joche der Gebundenheit und der Sünde werden zerbrochen, dies bringt den Gefangenen Freiheit. Der Leib Christi ist der Verwalter von dem, was Jesus uns übertragen hat: Wir sollen die befreiende Wahrheit Seines Wortes bringen, ebenso wie auch Seine Kraft, um die Menschen freizusetzen.

Damit wir die Menschenmengen für den Herrn gewinnen, müssen wir erkennen, daß der Heilige Geist das vollbringen kann, was wir nicht können.

Die Aufgabe die Verlorenen zu erreichen ist ein übernatürliches Werk des Heiligen Geistes durch die Gemeinde. Also schließen wir uns Ihm an, damit das Werk getan werden kann.

Öffne die Tür

Jakobus 2, 14 - 16 (Schlachter)
Was hilft es, meine Brüder, wenn jemand sagt,
er habe Glauben, und er hat doch keine Werke?
Kann ihn denn der Glaube retten?
Wenn nun ein Bruder oder eine Schwester ohne Kleidung ist
und es ihnen an der täglichen Nahrung fehlt,
und jemand von euch würde zu ihnen sagen:
Geht hin in Frieden, wärmt und sättigt euch!
aber ihr würdet ihnen nicht geben,
was zur Befriedigung ihrer leiblichen Bedürfnisse erforderlich
ist, was würde das helfen?
1. Johannes 3, 16 - 18 (Schlachter)
Daran haben wir die Liebe erkannt,
daß Er sein Leben für uns hingegeben hat;
auch wir sind es schuldig,
für die Brüder das Leben hinzugeben.
Wer aber die Güter dieser Welt hat
und seinen Bruder Not leiden sieht
und sein Herz vor ihm verschließt,
wie bleibt die Liebe Gottes in ihm?
Meine Kinder, laßt uns nicht mit Worten lieben
noch mit der Zunge, sondern in Tat und Wahrheit!

Ein sehr effektiver Weg für die Gemeinde, um die Verlorenen zu erreichen, ist ihre materiellen Bedürfnisse zu erfüllen. Die Bibel sagt: Wenn wir jemanden in Not sehen und unsere Herzen ihm gegenüber verschließen, wie können wir dann sagen, daß die Liebe Gottes in unseren Herzen ist?

Wenn wir die natürlichen Bedürfnisse der Menschen erfüllen, öffnet dies eine Tür zu ihren Herzen, um die Botschaft des Evangeliums zu empfangen. Gottes Liebe wird auf diese Art und Weise demonstriert. Wenn wir den Armen gegenüber Mitleid zeigen, werden wir zu den Händen und zum Herz des

Herrn und zeigen seine Liebe, so wie er es tat, als die Menschen Ihm in die Wüste folgten und er sie versorgte. Er versorgte und nährte ihre physischen Körper, daher war es ihnen möglich klar zu hören, was Er ihnen zu sagen hatte.

Durch das Aufbauen einer Beziehung mit bedürftigen Menschen, wird dies zu einem effektiven und kraftvollem Werkzeug beim Erreichen der Verlorenen. Nicht nur, daß sie von der Liebe Gottes hören, sondern sie werden sie auch in Aktion sehen und glauben, daß das Königreich Gottes nahe ist. Dann wird es uns möglich sein, sie effektiv zur Erkenntnis der Wahrheit zu führen und sehen, wie ihre Leben durch die Kraft des Evangeliums verändert werden.

Unsere Werkzeuge & Talente

Wir leben in einem Zeitalter, in dem die Medien eine sehr große Rolle im Leben der Menschen spielen. Die Medien können ein sehr effektives Werkzeug sein, um unsere Botschaft bekannt zu machen. Fernsehen, Radio, Zeitungen und das Internet sind nur einige davon. Die Welt kennt die Effektivität dieser Kommunikationsformen und sie erzielen Erfolge. Wir als Gemeinde müssen darauf zugehen und alle uns verfügbaren Ressourcen nutzen um das Evangelium den Massen kund zu tun, die die Möglichkeit haben einzuschalten, anzurufen, eine Zeitung oder ein Buch zu lesen oder dergleichen.

Ich bin schon in vielen Teilen der Welt gewesen und war überrascht, wie viele Gemeinden oder Dienste diese Zugänge nicht nutzen. Sie scheinen zu denken, daß die Menschen einfach so zum Gemeindegebäude oder zur Veranstaltung kommen, daß sie sich ohne irgendeine Art der Benachrichtigung oder Werbung zusammenfinden. Es ist wahr, daß viele bezeugt haben, daß „etwas sie zum Gottesdienst zog", jedoch glaube ich, daß Evangelisationen mit kreativen Werbeformen viel effektiver sein können, um die Menschenmassen zu erreicht.

Innerhalb des Leibes Christi gibt es viele gottgegebene Talente, die noch ungenutzt sind. Schauspiel, Tanz, Musik, Malerei und andere künstlerische Talente können effektive Werkzeuge in der Hand Gottes sein.

Die „Künste" können ein relevanter Weg sein, um den Verstand und die Herzen der Unerretteten zu faszinieren.

Eine Brücke kann geschaffen werden zwischen der Gemeinde und der Welt durch die „Künste".

Durch den Ausdruck der künstlerischen Möglichkeiten ist es uns möglich, Gedankenfestungen und Vorstellungen aufzuschließen, damit die Offenbarung des Wortes Gottes den Herzen der Menschen gezeigt werden kann. Talente sind ein Segen für die Gemeinde, doch wir müssen aus der Haltung ausbrechen, daß sich nur die Gemeinde innerhalb ihrer eigenen vier Wände daran erfreuen darf und es erlauben, daß diese Talente einen Ausdruck finden, der auch Menschen mit dem Evangelium erreicht.

Musik, Tanz, Malerei, Schauspiel und Pantomime können sehr verschieden sein und kulturelle und sprachliche Barrieren überwinden, Werkzeuge um die Verlorenen zu erreichen.

Erlauben wir doch den künstlerischen Talenten, die vom Schöpfer selbst gegeben sind, innerhalb und außerhalb der eigenen vier Wände Ausdruck zu finden. Sie überbrücken die Kluft und werden in unserer Zeit und Kultur wichtig, weil wir damit verlorenen Seelen für das Königreich Gottes erreichen.

Zeit, Energie & Geld

Um im Werk des Dienstes erfolgreich zu sein, müssen wir willig sein unsere Zeit, unsere Energie und unser Geld hineinzugeben. Diese drei Dinge werden benötigt, wenn das Werk vollbracht werden soll. Das Evangelium ist kostenlos, doch es kostet etwas es weiterzugeben. Was immer auch vollbracht wurde, hat eines oder alle von diesen drei Ressourcen erfordert. Sind wir willig unsere Leben niederzulegen und unser Geld für Seelen zu wegzugeben?

Matthäus 6, 19 - 33 (Elberfelder)
Sammelt euch nicht Schätze auf der Erde,
wo Motte und Fraß zerstören
und wo Diebe durchgraben und stehlen;
sammelt euch aber Schätze im Himmel,
wo weder Motte noch Fraß zerstören
und wo Diebe nicht durchgraben noch stehlen!
Denn wo dein Schatz ist, da wird auch dein Herz sein.
Niemand kann zwei Herren dienen; denn entweder wird er
den einen hassen und den anderen lieben,
oder er wird einem anhängen und den anderen verachten.
Ihr könnt nicht Gott dienen und dem Mammon.
So seid nun nicht besorgt, indem ihr sagt: Was sollen wir
essen? Oder: Was sollen wir trinken?
Oder: Was sollen wir anziehen?
Denn nach diesem allen trachten die Nationen; denn euer
himmlischer Vater weiß, daß ihr dies alles benötigt.
Trachtet aber zuerst nach dem Reich Gottes
und nach seiner Gerechtigkeit.
Und dies alles wird euch hinzugefügt werden.

Im Vers 21 sagt Jesus: *„Denn wo dein Schatz ist, da wird auch dein Herz sein."* Wir sammeln Schätze im Himmel, wenn wir unsere Zeit, Energie und unser Geld in das Königreich Gottes investieren. Unsere himmlische Belohnung steht im direkten Zusammenhang mit unserer Treue und unserem Gehorsam gegenüber Gott, sowie auch mit den Seelen, bei denen wir mitgeholfen haben sie in das Königreich Gottes zu bringen. Wir können an dieser Belohnung teilhaben, indem wir Gebet und finanzielle Unterstützung für andere zur Verfügung stellen, denen es möglich ist, direkter in den Nationen zu dienen.

Das Dilemma, mit dem wir hier konfrontiert werden ist: „Wem gehört was?" Wir mögen unseren Zehnten in das Vorratshaus geben, doch oft hören wir hier auf. Das Finanzieren des Evangeliums geht über die Ortsgemeinde hinaus. Damit wir die „Vision des Königreiches" oder „die Gesinnung des Königreiches ", haben, müssen wir dem *König dieses Königreiches* erlauben der Eigentümer unseres Lebens zu sein. Dies schließt unsere Zeit, Energie und unser Geld mit ein.

Jesus sagte: *„Niemand kann zwei Herren dienen; denn entweder wird er den einen hassen und den anderen lieben, oder er wird einem anhängen und den anderen verachten. Ihr könnt nicht Gott dienen und dem Mammon."* (Matthäus 6,24 Elberfelder)

Das Prinzip der Saatzeit und der Ernte

Mike Francen ist ein Evangelist, der von vielen heute als ein „Schrittmacher auf der Bühne der Weltevangelisation" angesehen wird und dessen Sache für Christus ihn zu mehr als 50 Nationen der Welt gebracht hat durch seine „Quest for Souls"-Einsätze („Ringen um Seelen" Einsätze), die ein Publikum von mehr als 100.000 Menschen pro Nacht anziehen. Vor einigen Jahren hatte ich das Privileg seinen

Dienst zu besuchen und kurz mit ihm über das Erreichen der Verlorenen durch Massen-Evangelisationen zu sprechen.

In seinem Buch, I GIVE YOU MY WORLD - -*Revealing the Heart of God; the Stewardship of People and The Potency of God´s Covenant of Exchange* (Deutsch: Ich Gebe Dir Meine Welt – *Das Herz Gottes offenbaren; das Verwalteramt der Menschen und das Potential des Tauschbundes Gottes.*) schreibt Mike Francen:

Eine Tendenz im Amerika von heute scheint zu sein, nach Komfort zu eifern. Menschen wünschen sich, gerade genug zu verdienen, damit sie sich einen komfortablen Lebensstil erhalten können. Sie streben danach, einfach genug zu haben. In dieser ganzen Sache geht es nicht um dich, es geht um das Königreich. Jedesmal wenn hier in den Staaten ein Opfer erhoben wird, das einem Opfer, das in die Weltmission gehen soll, in der Relation nicht entspricht, vergrößern wir weiter die Kluft zwischen „Haben" und „Nicht-Haben".
Die Bibel sagt uns in Sprüche 13,22: „das Vermögen der Sünder wird aufbewahrt für den Gerechten." (Elberfelder)
Dieser Vers wurde immer auf eine Weise gelehrt, die auf eine Entziehung aus der Hand des Sünders hindeutete. Eine neue Haltung würde sagen - „Laßt uns schauen, daß wir sie errettet kriegen und sie werden den Himmel bevölkern, während sie ihren Wohlstand in das Königreich bringen." (Seite 6)
Das Wort Gottes erklärt, daß Er dir die Wünsche deines Herzens geben will (Psalm 37,4). Doch die Bibel sagt auch, daß Er dir die Macht gibt Reichtum zu erlangen, DAMIT SEIN BUND AUF DER ERDE AUFGERICHTET WERDEN KANN! Letztendlich muß diese Einstellung überwiegen, als unser Beweggrund für Wohlstand. Gott sagte zu Abraham: „Ich werde dich segnen, damit du ein Segen sein kannst." (1. Mose 12,2 wörtlich übersetzt)
Wohlstand darf nicht herabgesetzt werden zu einem Werkzeug, das nur dafür da ist größere Gemeinden oder Häuser zu bauen, obwohl Er uns mit solchen Dingen segnen

wird. Wir müssen Erfolg haben, um die Verbreitung der Botschaft des Evangeliums in weltweitem Umfang voranzutreiben. Das Evangelium ist kostenlos, doch die Pipeline, um das Evangelium in die Welt zu bringen, kostet Geld. Der Allmächtige wünscht sich für dein Leben, daß es Eines von großem Reichtum ist. Sein Wille ist, daß du das Gute des Landes ißt und die Sache Christi voranbringst.
Kenneth Copeland hat Wohlstand so definiert: „Wahrer Wohlstand ist die Fähigkeit, Gottes Fähigkeiten und Kräfte zu benutzen, um den Nöten der Menschheit zu begegnen, egal was diese Nöte auch sein mögen." (Seite 11-12)
Ich habe das Vorrecht bekommen in mehr als 50 Nationen der Welt zu reisen. Amerika, mit allem für was es steht, wird von den meisten anderen Ländern beneidet. Der ungeheuer große Wohlstand von dieser Nation und von vielen ihrer Bewohner ist mehr, als einige in der 3. Welt sich jemals vorstellen könnten.
  Amerika ist ein gesegnetes Land, denn es wurde auf biblischen Prinzipien gegründet. Wenn du in einer Nation der Dritten Welt lebst, dann setze das Wort Gottes nie herab, indem du denkst, daß dies nur in Amerika funktionieren wird. Ob du nun Afrikaner oder Filipino bist, der Überfluß des Himmels ist Teil deines Geburtsrechtes.
Eines der größten Beispiele, daß ich in Bezug darauf kenne, daß Gott sein Wort im Bereich des Wohlstandes einlöst, ist das von Dr. Benson Idahosa.
Benson Idahosa war ein Afrikaner von schwarzer Hautfarbe, geboren und aufgewachsen in Armut in Benin City, Nigeria. Seine Familie war so arm, daß Benson nie ein Paar Schuhe besaß, bis er 18 Jahr alt war.
Einige Jahre lang leitete dieser hingegebene junge Mann eine kleine arme afrikanische Gemeinde und predigte zu armen Afrikanern. Nichts von ihrer Zukunft schien gewiß zu sein, außer noch mehr Armut.
Während einer Reise nach Amerika, wurde sich Dr. Idahosa des Reichtums von vielen des Volkes Gottes in den Vereinigten Staaten bewußt. Er sah die Botschaft des

Wohlstandes in der Bibel und der Heilige Geist begann Gottes Willen für den Leib Christi zu offenbaren. Er nahm die neugefundene Wahrheit mit zurück nach Nigeria und begann Wohlstand zu predigen und bald fingen die Früchte davon an zu gedeihen.
Das Wort wirkt. Seine große „Miracle Center Gemeinde" ist an Mitgliedern und an Wohlstand explodiert. Wenn du heute nach Benin City reist, wirst du Tausende von wohlhabenden Christen sehen. Mitglieder dieser großen Gemeinde fahren jetzt schöne Autos und leben in feinen Häusern. Sie gehen aufrecht. Er hat sie gelehrt, daß Gottes Wille für ihr Leben Wohlstand ist. Heute genießen sie die Realität davon.
Ich nahm am Einweihungsgottesdienst der neuen 12.000 Plätze großen „Miracle Center Gemeinde" teil. Unterschiedliche Gäste aus der ganzen Welt nahmen daran teil. Fast 40 verschiedene afrikanische Könige waren da, um das Multi-Millionen-Dollar teure Gebäude zu sehen. Klappt das mit dem Wohlstand bei jedem? Sicher tut es das. Die Verheißung des Wohlstandes hat diesen Mann und seinen Dienst zu einem Zeugnis von Gottes Treue zu seinem Wort gemacht. Die „Miracle Center Gemeinde" sendet nun in die ganze Welt Missionare aus. Wohlstand ist für dich, ungeachtet des Ortes oder der Rasse! (Seite 14-15)
„Denn ihr kennt ja die Gnade unseres Herrn Jesus Christus, daß er, obwohl er reich war, um euretwillen arm wurde, DAMIT IHR DURCH SEINE ARMUT REICH WÜRDET. (2. Korinther 8,9 Schlachter)
Wohlstand ist uns zur Verfügung gestellt worden IN DER ERLÖSUNG, durch das Blut Jesu Christi. Man kann den Wohlstand nicht von dem erlösenden Werk Christi trennen, sowie man auch nicht die Errettung und Heilung wegnehmen kann. Das erlösende Werk Jesu auf Golgatha hat Errettung, Heilung UND WOHLSTAND für jeden von uns zur Verfügung gestellt. Es ist unser Geburtsrecht als Kind Gottes.
Ich habe noch lebhafte Erinnerung daran, wie ich in eine fremde Stadt gefahren bin, um das Evangelium zu predigen. Ich kann mich noch sehr gut daran erinnern, wie ich auf den

Parkplatz eines Hotels fuhr, den Sitz in meinem Auto zurückstellte und mich abmühte, um etwas Schlaf zu bekommen, damit ich am nächsten Morgen predigen konnte. Ich hatte kein Geld, um wirklich IN dem Hotel zu übernachten, so blieb ich in meinem Auto auf dem Hotelparkplatz.
Ich erinnere mich noch gut an das Auto, daß ich besaß. Es sah übel aus, hörte sich schrecklich an und qualmte so schlimm, daß ich zu unseren Gemeindesitzungen gewöhnlich schon lange vorher, bevor alle anderen ankam, fuhr und immer am Ende der Straße parkte, damit niemand dieses „peinliche Ding auf Rädern" sehen würde.
Ich erinnere mich gut an solche und viele andere vergangene Erfahrungen, die helfen den Charakter zu formen und unsere Erwartungen zum Himmel treiben. In meinem eigenen Leben bin ich jetzt dankbar für die Prinzipien des Säens und Erntens, nach denen wir gelernt haben zu leben. Heute ernten wir von der Ernte und fangen an Seine überfließende Versorgung zu genießen.

Ich nehme heute Himmel und Erde gegen euch zu zeugen: Ich habe euch Leben und Tod, Segen und Fluch vorgelegt; so erwähle nun das Leben, damit du lebst, du und dein Same. 5. Mose 30,19 (Schlachter)

Es ist DEINE Wahl. Du kannst Armut wählen oder Du kannst Wohlstand wählen. Gott hat uns die Wahl gelassen. Seine göttliche Ordnung und sein Plan für Wohlstand ist – SAATZEIT UND ERNTE. (Seite 17-18)
I Give YOU My World: Veröffentlicht durch Francen World Outreach; Copyright 1998 (Seiten 6, 11-12, 14-15, 17-18)

Wenn wir uns Wohlstand wünschen, um das Evangelium zu finanzieren und Seelen zu gewinnen, dann werden wir viel säen und viel ernten. Dann wird uns Gott die Wünsche unseres Herzens geben.

2. Korinther 9, 6 - 11 (Elberfelder)
Dies aber sage ich: Wer sparsam sät, wird auch sparsam ernten, und wer segensreich (o. freigiebig, reich) sät, wird auch segensreich ernten.
Jeder gebe, wie er sich in seinem Herzen vorgenommen hat: nicht mit Verdruß oder aus Zwang, denn einen fröhlichen Geber liebt Gott.
Gott aber vermag euch jede Gnade überreichlich zu geben, damit ihr in allem allezeit alle Genüge habt und überreich seid zu jedem guten Werk; wie geschrieben steht: Er hat ausgestreut, er hat den Armen gegeben; seine Gerechtigkeit bleibt in Ewigkeit.
Der aber Samen darreicht dem Sämann und Brot zur Speise, wird eure Saat darreichen und mehren und die Früchte eurer Gerechtigkeit wachsen lassen, und ihr werdet in allem reich gemacht zu aller Freigebigkeit, die durch uns Danksagung Gott gegenüber bewirkt.

Die Einheit des Geistes

Was ist Einheit? Müssen wir alle gleich aussehen, oder muß ich wie alle anderen sprechen, oder müssen wir alle das Gleiche denken, um in Einheit zu sein?
Nein, Einheit wird in der Mitte unserer Einzigartigkeit und Unterschiedlichkeit gefunden. Die bedingungslose Liebe Gottes, die *„in unsere Herzen ausgegossen ist durch den Heiligen Geist"* befähigt uns, unsere Unterschiede zu übersehen. Einheit in der Vielfalt des Leibes Christi ist ein Ausdruck unseres ehrfurchtgebietenden und facettenreichen Gottes und Schöpfers.

Unsere Stärke liegt in unserer Vielfalt. Wir müssen die Tatsache verstehen, daß wir nicht alle gleich sind, denn in dieser Vielfalt werden wir eine Welt erreichen, die so facettenreich ist. Wenn wir lernen einander in Seiner Liebe zu umarmen und durch seinen Geist in die Einheit miteinander hineinzukommen, dann geben wir ein besseres Bild ab, von dem, was Er für diese Welt ist.

Jesus betete dafür, daß die Einheit des Geistes unter Seinem Volk sei:

Johannes 17, 11 - 26 (Elberfelder)
Und ich bin nicht mehr in der Welt, und diese sind in der Welt, und ich komme zu dir. Heiliger Vater!
Bewahre sie in deinem Namen, den du mir gegeben hast, daß sie eins seien wie wir!
Und die Herrlichkeit, die du mir gegeben hast, habe ich ihnen gegeben, daß sie eins seien, wie wir eins sind.
Ich in ihnen und du in mir, daß sie in eins vollendet seien, damit die Welt erkenne, daß du mich gesandt und sie geliebt hast,
denn du hast mich geliebt vor Grundlegung der Welt.
Und ich habe ihnen deinen Namen kundgetan und werde ihn kundtun, damit die Liebe, womit du mich geliebt hast, in ihnen sei und ich in ihnen.

Jesus sagte: *...daß sie eins seien, wie wir eins sind – ich in ihnen und du in mir – daß sie in Einheit vollendet seien, damit die Welt erkenne, daß du mich gesandt hast.."* (Johannes 17, 22-23) Damit wir eins miteinander sind, so wie Christus es mit dem Vater ist, müssen wir zuerst in Einheit mit Gott sein und Seine Gesinnung, in Bezug auf das Königreich Gottes, in unseren Herzen haben. Wir müssen in die Einheit mit Christus selbst kommen, jeder persönlich, damit es eine gemeinsame Einheit geben kann. Dies ist ein Prozess. Jesus sagte zu seinen Jüngern: *Wenn jemand mir nachkommen will,* *verleugne er sich selbst und nehme sein Kreuz auf und folge mir nach."* (Matthäus 16,24 Elberfelder) Wir werden den Segen der Einheit erst erkennen, wenn wir in Seinem Wort, in Ihm bleiben, so daß Er in uns bleiben wird. Wir werden den Sinn Christi haben, der uns motiviert und uns in Seine Liebe und in die Ziele des Königreiches führt.

Wenn wir es vorziehen Ihm zu gehorchen, kommen wir in die Einheit mit Ihm hinein und werden die Gesinnung Christi haben. Wenn wir etwas hier auf der Erde tun, dann geht es nicht darum, unseren eigenen Dienst oder unsere eigene Gemeinde zu bauen; sondern es geht darum, Gottes Königreich zu bauen und es zu zuzulassen, daß Sein Wille und Seine Ziele hier durch uns offenbart werden. Einheit beginnt wirklich im Herzen des Gläubigen, wenn er/sie sagt: Ja, Herr, nicht mein Wille, sondern Dein Wille geschehe."

„Denn meine Gedanken sind nicht eure Gedanken, und eure Wege sind nicht meine Wege, spricht der Herr; sondern so hoch der Himmel über der Erde ist, so viel höher sind meine Wege als eure Wege und meine Gedanken als eure Gedanken." (Jesaja 55,8-9 Schlachter) Wer kennt die Gedanken Gottes, denn sie sind so viel höher als unsere? Von der Perspektive der Erde aus betrachtet sehen wir Grenzen, die Gruppierungen von Christen in der ganzen Welt trennen; nicht nur durch Sprache und Kultur, sondern auch durch Lehren und Konfessionen. Von der Perspektive des Himmels aus gibt es nur einen Leib. Den Leib des Herrn Jesus Christus im Himmel und auf der Erde, der sich zusammensetzt aus allen Stämmen, Sprachen und allen Nationen aus allen Zeitaltern.
Dies ist der Leib Seines Sohnes und er repräsentiert Jesus.

Von der Perspektive Gottes aus sieht Er das große Bild und Er orchestriert jeden von uns in unserer Einzigartigkeit und Verschiedenheit, um Seinen Gesamtplan zu vollenden. Wie ein Dirigent führt der Heilige Geist die verschiedenen

Instrumente, Sein Volk, zu einem Ort der Einheit und Harmonie miteinander. Es ist wirklich wunderbar, wenn Gottes Volk in Einheit zusammen verweilt. Einheitlich erfüllen wir die Absichten Gottes auf der Erde. Sein Königreich kommt und Sein Wille geschieht, wenn wir alle, einzeln und zusammen, Ihm gehorchen und Seinen Ruf zur Einheit nachkommen.

Paulus sagt in Epheser 4,1-6: *„Ich ermahne euch nun, ich, der Gefangene im Herrn: Wandelt würdig der Berufung, mit der ihr berufen worden seid, mit aller Demut und Sanftmut, mit Langmut, einander in Liebe ertragend! Befleißigt euch, die Einheit des Geistes zu bewahren durch das Band des Friedens: Ein Leib und ein Geist, wie ihr auch berufen worden seid in einer Hoffnung eurer Berufung! Ein Herr, ein Glaube, eine Taufe, ein Gott und Vater aller, der über allen und durch alle und in allen ist."* (Elberfelder)

Liebe ist das „Band der Vollkommenheit". Unsere Liebe füreinander wird Einheit hervorbringen. Durch Liebe und Einheit wird die Welt wissen, daß das, was wir haben, real ist und sie werden das haben wollen, was wir haben. Jesus betete zum Vater: *„Ich in ihnen und du in mir – daß sie in eins vollendet seien, damit die Welt erkenne, daß du mich gesandt und sie geliebt hast, wie du mich geliebt hast."* (Johannes 17,23 Elberfelder) Sie werden diese Liebe und Einheit sehen und werden wissen, daß Gott mit uns ist und daß das Königreich Gottes bei den Menschen ist.

Kolosser 3, 12 - 15 (Elberfelder)
Zieht nun an als Auserwählte Gottes, als Heilige und Geliebte:
herzliches Erbarmen, Güte,
Demut, Milde, Langmut! Ertragt einander
und vergebt euch gegenseitig,
wenn einer Klage gegen den anderen hat;
wie auch der Herr euch vergeben hat, so auch ihr!
Zu diesem allen aber zieht die Liebe an,
die das Band der Vollkommenheit ist!
Und der Friede des Christus regiere in euren Herzen,
zu dem ihr berufen worden seid in einem Leib! Und seid
dankbar!

Philipper 1, 9 - 11 (Schlachter)
Und um das bete ich, daß eure Liebe noch mehr und mehr
überströme in Erkenntnis und allem Urteilsvermögen,
damit ihr prüfen könnt, worauf es ankommt, so daß ihr
lauter und ohne Anstoß seid bis auf den Tag des Christus,
erfüllt mit Früchten der Gerechtigkeit, die durch Jesus
Christus gewirkt werden zur Ehre und zum Lob Gottes.

Hindernisse zur Einheit

Epheser 5, 15 - 21 (Elberfelder)
Seht nun genau zu, wie ihr wandelt,
nicht als Unweise, sondern als Weise!
Kauft die rechte Zeit aus! Denn die Tage sind böse.
**Darum seid nicht töricht, sondern versteht,
was der Wille des Herrn ist!
Und berauscht euch nicht mit Wein,
worin Ausschweifung ist,
sondern werdet voller Geist,**
indem ihr zueinander in Psalmen und
Lobliedern und geistlichen Liedern redet
und dem Herrn mit eurem Herzen singt und spielt!
Sagt allezeit für alles dem Gott und Vater Dank
im Namen unseres Herrn Jesus Christus!
Ordnet euch einander unter in der Furcht Christi.

"Darum seid nicht töricht, sondern versteht, was der Wille des Herrn ist ... werdet voller Geist." Die Erfüllung mit dem Heiligen Geist und mit der Liebe Gottes wird unsere Herzen von allen Arten der fleischlicher Belastungen fernhalten, wie Rebellion, Beleidigung, Kritik, Murren, Jammern, Uneinigkeit; Die Liste ist noch lange nicht zu Ende. Dies sind genau die Dinge, die die Einheit im Leib Christi und mit Gott auflösen, denn jede Sünde ist letztlich gegen Gott und sie beeinflußt unsere Beziehung mit Ihm und trennt uns von der Verbundenheit und Gemeinschaft, nach der Er sich mit uns sehnt. Sie beeinflußt auch unsere Beziehung mit Anderen.

Dies sind die ausgetüftelten Taktiken des Teufels, der die Schwachheiten unserer fleischlichen Natur oder unseres Fleisches kennt und uns mit ihnen bombardiert. Wir dürfen nicht erlauben, daß Streit, Eifersucht und ein Konkurrenzgeist uns von unserem gemeinsamen Ziel abhalten, die Menschen für Christus zu erreichen. Wenn wir ihm Zutritt in unser Gedankenleben gewähren, wird er versuchen Spaltung zu verursachen. Konfessionelle Grenzen und Barrieren, das Verlangen die Kontrolle zu haben, verhindern alle den Fortschritt von Gottes Königreich auf Erden. Wir müssen uns über diese Dinge erheben und dem Heiligen Geist erlauben die trennenden Mauern einzureißen, die den Leib Christi spalten. Wenn wir unsere eigenen Vorstellungen und Pläne niederlegen und uns miteinander mit dem Ziel Seelen zu erreichen vereinen, werden wir den gemeinsamen Boden der Einheit finden.

Das Werk des Evangeliums wird oft gehindert, was eine Folge davon ist, daß Menschen ihre eigenen Vorstellungen haben und nicht für das gemeinsame Ziel zusammenarbeiten wollen. Ein Herz, erfüllt mit der Gegenwart und der Liebe Gottes, will in Einheit mit dem Geist laufen, um des Königreichs willen. Die Welt zu erreichen ist keine Ein-Mann-Unternehmung, sondern vielmehr kommt der Leib Christi zusammen und wirft ein Netz über ein Gebiet oder eine Stadt aus und bringt eine große Ernte von Seelen ein. Teamarbeit wird die Arbeit vollbringen und die Resultate erzielen. Wenn wir uns vereinen und zusammen arbeiten, können unsere Städte und Nationen gewonnen werden.

Die Gegenwart Gottes – Das Öl der Einheit

Psalm 133, 1 - 3 (Schlachter)
Siehe, wie fein und wie lieblich ist´s,
wenn Brüder in Eintracht beisammen sind!
Wie das feine Öl auf dem Haupt,
das herabfließt in den Bart, den Bart Aarons.
Das herabfließt bis zum Saum seiner Kleider;
wie der Tau des Hermon,
der herabfällt auf die Berge Zions;
denn dort hat der Herr den Segen verheißen,
Leben bis in Ewigkeit.

In Vers zwei heißt es, daß Einheit ist *"wie das feine Öl auf dem Haupt, das herabfließt in den Bart, den Bart Aarons."* Im Easton´s Bible Dictionary (Easton´s Bibellexikon) steht: *Aaron war ein Typus für Christus in seinem offiziellen Chararkter als Hohepriester. Sein Priestertum war ein „Schatten himmlischer Dinge" und war dazu bestimmt das Volk der Israeliten dazu zu führen nach vorn auf die Zeit zu schauen, zu der ein „weiterer Priester" aufstehen würde „nach der Ordnung Melchisedeks"* (Hebräer 6,20)

Hier wird auf den Bart hingewiesen, denn es war eine traditionelle tägliche Gepflogenheit des jüdischen Mannes Öl auf den Bart aufzutragen. Im Zustand der Trauer wurde dieser als Zeichen dafür vernachlässigt. *„Es war Teil der täglichen Routine eines Juden seinen Bart mit Öl und Parfum zu salben (Psalm 133,2) Bärte wurden mit pingeligster Sorgfältigkeit gepflegt (2. Samuel 19,25) und ihre Vernachlässigung war ein Anzeichen tiefer Trauer. (Jesaja 15,2 ; Jeremia 41,5)* (Siehe Easton´s Bible Dictionary)

Jesus ist unser Hohepriester. (Hebräer 4,14) Wir sind zur priesterlichen Tätigkeit des Lobpreises und des Gebets vor dem Thron Gottes berufen:
„Da ihr zu ihm gekommen seid, zu dem lebendigen Stein, der von den Menschen zwar verworfen, bei Gott aber auserwählt und kostbar ist, so laßt auch ihr euch nun als lebendige Steine aufbauen, als ein geistliches Haus, als ein heiliges Priestertum, um geistliche Opfer darzubringen, die Gott wohlgefällig sind, durch Jesus Christus." (1. Petrus 2,4-5 Schlachter) *„Ihr aber seid ein auserwähltes Geschlecht, ein königliches Priestertum, ein heiliges Volk, ein Volk des Eigentums, damit ihr die Tugenden dessen verkündet, der euch aus der Finsternis berufen hat zu seinem wunderbaren Licht."* (1. Petrus 2,9 Schlachter)

Wir sind berufen Priester für Gott zu sein. In dieser priesterlichen Tätigkeit werden wir Einheit finden und miteinander übereinstimmen. Wir werden den Sinn Christi und Sein Herz haben, wenn wir Ihn in unserer priesterlichen Tätigkeit anbeten und auf Ihn warten. Dies wird das Öl Seiner Salbung und Kraft auf uns freisetzten. Während die Jünger einmütig im Gebet waren, wurde der Heilige Geist auf sie ausgegossen und sie wurden überfließend erfüllt mit Seiner Salbung und Seiner Kraft:

Apostelgeschichte 1, 13 - 15 (Schlachter)
...gingen sie hinauf in das Obergemach,
wo sie sich aufzuhalten pflegten....
**Diese alle blieben beständig und einmütig
im Gebet und Flehen...**
(es waren aber etwa 120 Personen beisammen)

Apostelgeschichte 2, 1 (Schlachter)
Und als der Tag der Pfingsten sich erfüllte,
waren sie alle einmütig beisammen.
Und es entstand plötzlich vom Himmel her ein Brausen
wie von einem daherfahrenden gewaltigen Wind
und erfüllte das ganze Haus, in dem sie saßen.

Apostelgeschichte 4, 24 - 33 (Schlachter)
Und als sie es hörten,
erhoben sie einmütig ihre Stimme zu Gott
und sprachen: Herr, du bist der Gott, der den Himmel und
die Erde und das Meer gemacht hat und alles,
was darinnen ist.
Und als sie gebetet hatten, erbebte die Stätte, wo sie
versammelt waren, und sie wurden alle
mit Heiligem Geist erfüllt
und redeten das Wort Gottes mit Freimütigkeit.
Und die Menge der Gläubigen war ein Herz und eine

Seele; und auch nicht einer sagte,
daß etwas von seinen Gütern sein sei,
sondern alle Dinge waren ihnen gemeinsam.
Und mit großer Kraft legten die Apostel Zeugnis ab von der
Auferstehung des Herrn Jesus,
und große Gnade war auf ihnen allen.

In Psalm 133,2 heißt es, daß das Öl *"herabfließt bis zum Saum seiner Kleider; wie der Tau des Hermon, denn dort hat der Herr den Segen verheißen, Leben bis in Ewigkeit."* Folgende Bemerkung im Easton´s Bible Dictionary ist interessant: *Tau ist eine Quelle großer Fruchtbarkeit (1. Mose 27,28; 5. Mose 33,13; Sacharja 8,12) Sein Entzug wird als Fluch von Gott angesehen (2. Samuel 1,21, 1. Könige 17,1) Er ist das Symbol einer Menschenmenge (2, Samuel 17,12; Psalm 110,3) und sein erfrischender Einfluß ist ein Sinnbild von brüderlicher Liebe und Harmonie (Psalm 133,3) und von reichem geistlichen Segen (Hosea 14,6)* Auch hier wird das Fehlen des Taus, wie es auch beim Öl auf dem Bart ist, wenn es nicht da ist, als Fluch angesehen.

Da das Öl ein Sinnbild der Salbung des Heiligen Geistes ist, wird Seine Gegenwart hier angedeutet und ist schon an sich notwendig für die Einheit, welche die Gunst und den Segen Gottes auf den Leib Christi mit sich bringt.

Zion oder Sion symbolisiert oder *bezeichnet den Berg Hermon in 5. Mose 4,48. Im Neuen Testament (siehe SION) wird dieses Symbol manchmal benutzt um die Gemeinde Gottes zu bezeichnen (Hebräer 12,22) und manchmal auch die himmlische Stadt (Offenbarung 14,1)* (Quellenangaben vom Easton´s Bible Dictionary) Es scheint, daß der Berg Hermon, ein sehr wichtiger „Haupt-Berg", der deutlich sichtbar für jeden war, auf den Berg Zion verweist; ein Typus und Schatten der Gemeinde Jesu Christi, der Wohnort Gottes.

Epheser 1,22-23 (Schlachter) sagt: *Und er hat alles seinen Füßen unterworfen und ihn als Haupt über alles der Gemeinde gegeben, die sein Leib ist, die Fülle dessen, der alles in allen erfüllt.* Die Regierung Gottes ruht auf Seinen Schultern. Er ist die höchste Autorität und deswegen müssen wir es auf Seine Art und Weise tun. Die Herrschaft oder oberste Leitung Jesu Christi ist sehr wichtig, damit die Salbung fließt. Wir müssen in Ihm bleiben, damit Fruchtbarkeit da ist, die auch Einheit miteinander beinhaltet.

In den Evangelien floß das Leben und die Kraft Gottes vom Körper und auch von den Kleidern des Herrn Jesus Christus. Es brachte Heilung und Wiederherstellung in viele Leben. Wie es zum Beispiel auch bei der Frau mit dem Blutfluß war. Dies ist ein Bild dafür, wie die Einheit des Leibes Christi das Öl Seiner Gegenwart, Seiner Heilung und Wiederherstellung mit sich bringt. Öl ist ein Symbol für den Heiligen Geist. Es fließt das ganze Angesicht und den ganzen Leib des Herrn Jesus Christus hinunter. Wenn wir einmütig sein Angesicht suchen, wird das Öl der Einheit vom Haupt auf den Leib des Herrn Jesus Christus fließen. WIR SIND SEIN LEIB.

Jesus sagte, daß Er uns Seine Herrlichkeit gegeben hat, damit wir eins seien, wie auch ER und der Vater eins sind. *„Und ich habe die Herrlichkeit, die du mir gegeben hast, ihnen gegeben, auf daß sie eins seien, gleichwie wir eins sind"* (Johannes 17,22 Schlachter)

Ohne die Herrlichkeit oder Gegenwart Gottes in der Mitte der Gemeinde, wird es keine wahre Einheit geben. Es gibt Erfrischung, Fruchtbarkeit und einen reichen geistlichen Segen, als Ergebnis von brüderlicher Liebe und Harmonie, durch die Erfüllung des Heiligen Geistes. Wenn wir eins sind mit Ihm, werden wir eins sein mit Seinem Volk, durch den Heiligen Geist, der alles in allem erfüllt. Es ist klar, daß in Einheit sein und eins sein ein Resultat der Erfüllung des kostbaren Heiligen Geistes und der Liebe Gottes ist, und das gemeinsame Ziel des Reiches Gottes haben.

Die Gemeinde muss erfüllt werden mit der Gegenwart Gottes, um in Einheit zu sein. Wir müssen unsere Leben und Gemeinden auf die Gegenwart Gottes vorbereiten. Die Gegenwart und Kraft Gottes wird mit einer vereinigenden Salbung fließen und wir werden Erfüllung, Segen und die Salbung des Heiligen Geistes finden, die den gesamten Leib Christ und die Welt beeinflussen werden.

Einheit wird in unserem gemeinschaftlichen Sinn gefunden: Den Herrn Jesus Christus zu lieben, mit Seinem Geist erfüllt zu werden, einander zu lieben und Seinen Missionsbefehl zu erfüllen: das Evangelium den Nationen zu predigen.

Mähdrescher

Der Herr tut etwas Neues inmitten seines Leibes, der Gemeinde. Wenn wir auf das Menschenmeer hinausschauen, sehen wir das Gleiche, wie Jesus es in Lukas 5,1-11 sah. Menschenmengen die sich zu Ihm hin drängten, um das Wort Gottes zu hören. Die Geist Gottes lockt die Menschenmengen und er stattet Sein Volk mit neuen Strategien aus, um diese Ernte zu erreichen, denn sie ist reif! Ein Meer von Seelen ist in dieser Welt heute an unserer Türschwelle. Millionen sind im „Tal der Entscheidung". Laß uns Lukas 5,1-10 (Schlachter) für einen Moment ansehen: (Hervorhebung durch den Autor)

1. *Es begab sich aber, als die Menge sich zu ihm drängte, um das Wort Gottes zu hören, daß er am See Genezareth stand;*
2. *und er sah zwei Schiffe* (oder Gefäße für den Dienst) *am Ufer liegen; die Fischer aber waren aus ihnen ausgestiegen und wuschen die Netze.* (Dies spricht über die Methoden des Auffangens von Seelen, die blockiert, ineffektiv oder unfruchtbar sind)

3. *Da stieg er in eines der Schiffe, das Simon gehörte, und bat ihn, ein wenig vom Land wegzufahren;* (dies ist vergleichbar mit dem Verlassen der sicheren Umgebung einer Gemeinde) *und er setzte sich und lehrte die Volksmenge vom Schiff aus.* (Jesus begann abseits des Landes, einem sicheren Ort. Er hatte sozusagen einen Platz oder „Bühne", außerhalb der herkömmlichen und bequemen „vier Wände der Gemeinde" in „Gefäßen des Dienstes – den Booten", die dafür gemacht sind „Fische zu fangen" oder Seelen.)
4. *Als er aber zu reden aufgehört hatte, sprach er zu Simon: Fahre hinaus auf die Tiefe und laßt eure Netze zu einem Fang hinunter.*
5. *Und Simon antwortete und sprach zu ihm: Meister, wir haben die ganze Nacht hindurch gearbeitet und nichts gefangen;* (das heißt, sie hatten mit ihrer eigenen Stärke gearbeitet und veraltete Methoden des Fischfangs angewendet, Strategien, die praktisch erfolglos waren, um einen Fang sicherzustellen. Sie taten dies auch im Dunkeln, das heißt, ohne genaue Anweisung von Gott) *aber auf dein Wort will ich das Netz auswerfen!* (Sie hatten jetzt einen genauen Befehl, ein spezielles Wort vom Herrn, eine genaue Anweisung wann, wo und wie sie fischen gehen sollten.)
6. *Und als sie das getan hatten, fingen sie eine große Menge Fische; und das Netz begann zu reißen.*
7. *Da winkten sie den Gefährten, die im anderen Schiff waren, daß sie kommen und ihnen helfen sollten; und sie kamen und füllten beide Schiffe, so daß sie zu sinken begannen.* (Der Fang war so groß, daß sie ihre Kraftaufwendungen vereinen mußten mit anderen Menschen oder Diensten, damit sie ihn hineinbringen konnten. Und doch waren es nur zwei Boote, die eine Partnerschaft zusammen hatten und sie wurden von einem Fang überwältigt! Ihre Boote begannen zu

sinken, wegen des Gewichts der Fische/Seelen)
8. *Als aber Simon Petrus das sah, fiel er zu den Knien Jesu nieder und sprach: Herr, gehe von mir hinweg, denn ich bin ein sündiger Mensch!*
9. *Denn ein Schrecken überkam ihn und alle, die bei ihnen waren, wegen des Fischzuges, den sie gemacht hatten;*
10. *gleicherweise auch Jakobus und Johannes, die Söhne des Zebedäus, die Simons Teilhaber waren. Und Jesus sprach zu Simon: Fürchte dich nicht; von nun an sollst du Menschen fangen.*

„Die Ernte ist reif, doch die Arbeiter sind wenige..." Vor diesem Jahrhundert ernteten Menschen natürliches Getreide, indem sie einfache Werkzeuge, wie Sicheln benutzten. Viele arbeiteten hart und lang, um das Getreide vom Feld hereinzubringen. Wenn ein Getreide reift, hat es einen genauen Zeitrahmen, in dem es geerntet werden muß. Nun, dank moderner Technik und Maschinen, wurde die Tätigkeit des Erntens vereinfacht und beschleunigt. Heute benutzt man auf großen Bauernhöfen *Mähdrescher*, um diese Arbeit zu erledigen. Während der Erntezeit, spart man damit kostbare Zeit ein und führt die Aufgabe effizienter und effektiver aus, indem das reife Korn oder Weizen in Streifen von ca. 7 Meter Breite auf einmal eingesammelt wird. In ungefähr einer halben Stunde kann mit einem Mähdrescher eine Ernte von der Größe eines Football-Feldes eingebracht werden.

Der Leib Christi kann im Bereich der Seelengewinnung für Christus so werden wie dieser Mähdrescher. Die geistliche Bedeutung ist die, daß wenn wir unsere Kraftaufwendungen und Ressourcen vereinen, wir weitaus effektiver beim Erreichen der Welt mit dem Evangelium sein werden und die Wiederkunft des Herrn beschleunigen werden. Indem wir unsere Kraftaufwendungen vereinen, Gaben und Talente und Ressourcen, finanzielle und andere, benutzen, werden wir die Effektivität beim Erreichen der Ernte vergrößern. Wir können damit weitermachen unsere eigenen kleinen Pflanzen zu pflegen, und eine nach der andern ernten oder wir können wie beim „Mähdrescher" zusammen viel mehr Seelen für das Königreich Gottes erreichen.

Wie es auch bei den fünf Fingern einer Hand ist, kann ein Finger nicht sehr effektiv greifen ohne die anderen vier Finger, die ihm dabei helfen. Jeder weitere Finger, der dazukommt, gibt dem Griff mehr Stärke. So ist es auch bei den Mitgliedern des Leibes Christi. Jeder Teil, der passend hinzugefügt ist zum anderen und das liefert, was die anderen benötigen, vergrößert so unsere Stärke und Effektivität beim Erreichen der Vielzahl der verlorenen Seelen
im „Tal der Entscheidung".

Es gibt eine Dringlichkeit, daß diese Aufgabe erledigt wird, denn dies sind die letzten Tage. Also laßt uns unseren Platz im Leib Christi finden und als Team, unsere Kräfte „vereinen", um eine verlorene und sterbende Welt zu erreichen. Zusammen in der Salbung und Kraft Seines Geistes können wir eine Auswirkung auf die Nationen haben! Diejenigen die sich die Hände für das gemeinsame Ziel reichen, die Verlorenen für den Herrn Jesus zu erreichen, werden die Gunst und den Segen Gottes finden, die ihnen folgen werden und der ganze Himmel wird sie unterstützen. Laßt uns das Evangelium zu den Nationen bringen und große Taten um seines Namens Willens vollbringen. Die Nationen sind reif zur Ernte. Und woher sollen sie von dieser guten Nachricht der Errettung wissen, wenn wir sie nicht zu ihnen bringen?

Kapitel 9

Von der Herrlichkeit zur Ernte

Jesaja 6, 1 (Elberfelder)
Im Todesjahr des Königs Usija,
da sah ich den Herrn sitzen
auf hohem und erhabenem Thron,
und die Säume seines Gewandes füllten den Tempel.

In dieser Passage der Schrift betrachtet Jesaja den Thron Gottes und Seine großartige Herrlichkeit, Majestät, Heiligkeit und Macht. Jesaja hatte eine wunderbare Begegnung mit dem allmächtigen Gott, welche ihn völlig veränderte und ihn auf den richtigen Kurs setzte, um seine Bestimmung zu vollenden. Warum hat sich Gott Jesaja in solch einer ehrfurchtgebietenden Art und Weise offenbart?

Wenn wir einen geschichtlichen Blick auf die Zeiten werfen, in welchen Jesaja lebte, sehen wir, daß es viel Götzendienst und Unmoral unter Gottes Volk gab. König Usija war in seinen frühen Jahren als König ein gottesfürchtiger Mann vor dem Herrn. *"Usija war 16 Jahre alt, als er König wurde, und er regierte 52 Jahre lang in Jerusalem... Und er tat was recht war in den Augen des Herrn... Und er suchte Gott, solange Sacharja lebte, der Einsicht hatte in die Offenbarungen Gottes. Und solange er den Herrn suchte, ließ Gott es ihm gelingen."* (2. Chronik 26, 3-5 Schlachter)

Jedoch, nachdem Gott ihm Erfolg haben ließ und er stark in den Augen der Menschen wurde, überhob sich sein Herz im Stolz, wie wir in 2. Chronik 26,15-21 sehen. Gott schlug König Usija mit Aussatz, ein äußerliches Zeichen für eine innere Haltung des Stolzes. Gott widerstand ihm und er wurde zu Fall gebracht. In der International Standard Bible Encyclopedia (Internationales Standard-Bibel-Lexikon) steht hierzu: *Diese*

Erfolge kamen so schnell, daß Usija kaum sein 40igstes Lebensjahr überschritten hatte, als ihn eine große persönliche Katastrophe überraschte. Am Anfang seiner Karriere genoß Usija die Ratschläge des Sacharja und profitierte von ihnen. Sacharja war ein Mann "der Einsicht hatte in die Offenbarungen Gottes." (2. Chronik 26,5), und während der Lebzeit dieses göttlichen Wächters "fixierte Usija sich darauf Gott zu suchen".

Und nun da Sacharja gestorben war, überhob sich Usijas Herz im Stolz und er sündigte gegen Jahwe. In den großen Königreichen des Ostens hatten die Könige die Gewohnheit priesterliche, wie auch königliche Ämter auszuüben. Beschwingt durch seinen Erfolg, beschloß Usija auszuüben, was er gedacht haben mag, daß seine königliches Vorrecht ist - das Verbrennen des Weihrauches auf dem goldenen Altar im Tempel.

Asarja der Hohepriester erhob, zusammen mit 80 anderen, entschlossen Einspruch; doch der König war nur wütend und drängte sich mit einem Rauchfaß in seiner Hand nach vorne, um den Weihrauch zu opfern. Ehe er jedoch den Weihrauch auf die Kohlen ausstreuen konnte, und noch während er wütend war, zeigten sich die weißen Flecken des Aussatzes auf seiner Stirn.

Von Reue ergriffen und hinausgestoßen von den Priestern, eilte er weg und war ein Aussätziger seit diesem Tag." (2. Chronik 26,15-21)

Es ist interessant anzumerken, daß es ein Erdbeben gab, das zur gleichen Zeit stattfand, als Usija in den Tempel eintrat und gegen Gott sündigte. Dieses Erdbeben, so wird uns durch Sacharja mitgeteilt, war *"in den Tagen Usijas, des Königs von Juda".* (Sacharja 14,5) Gottes Gericht und Zorn waren hier sehr einleuchtend, denn Er hatte Usija geholfen und ihm Erfolg gegeben beim Regieren Seines Volkes.

So kam Usijas Herrschaft als König ungefähr im Alter von 40 Jahren zu einem abrupten Ende und er ging hinein in völlige

Abgeschiedenheit. Sein Sohn Jotham regierte an seiner statt über das Land und die Bewandtnisse des Hofstaats und wurde König nach dem Tod seines Vaters.

Obwohl Jotham sich richtig vor dem Herrn verhielt, setzten die Kinder Israels ihren götzendienerischen und sündigen Weg fort und betrübten das Herz Gottes. Jesaja hält den Charakter und den Zustand des Volkes Gottes fest, sowie auch das Herz Gottes im Bezug auf ihren ehebrecherischen Zustand. Diesen Bericht finden wir in der Passage, welche in Jesaja 1,1-21 gefunden wird:

Jesaja 1, 4; 15 - 21
(Schlachter, Vers 18 wörtlich aus dem Englischen übersetzt)
Wehe der sündigen Nation, dem schuldbeladenen Volk! Same der Übeltäter, verderbte Kinder! Sie haben den Herrn verlassen, haben den Heiligen Israels gelästert, haben sich abgewandt.

Und wenn ihr eure Hände ausbreitet, verhülle ich meine Augen vor euch, und wenn ihr auch noch so viel betet, höre ich doch nicht, denn eure Hände sind voll Blut!
Wascht, reinigt! Tut das Böse, das ihr getan habt, von meinen Augen hinweg; hört auf, Böses zu tun!
Lernt Gutes tun, trachtet nach dem Recht, bestraft den Gewalttätigen, schafft der Waise Recht,
führt den Rechtsstreit für die Witwe!
Kommt doch, wir wollen miteinander rechten! spricht der Herr. Obwohl eure Sünden rot wie Scharlach sind, sollen
sie weiß werden wie der Schnee;
obwohl sie rot sind wie Karmesin,
sollen sie weiß wie Wolle werden.
Seid ihr willig und gehorsam,
so sollt ihr das Gute des Landes essen;
wenn ihr euch aber weigert und widerspenstig seid, so sollt

ihr vom Schwert gefressen werden!
Ja der Mund des Herrn hat es gesprochen.
Wie ist die treue Stadt zur Hure geworden! Sie war voll
Recht; Gerechtigkeit wohnte in ihr, nun aber Mörder!

Dies ist also der Stand der Dinge, als der König der Herrlichkeit Sich selbst Jesaja offenbarte. Gott widerstand dem stolzen König und richtete sein Herz. Er sitzt als der Gerechte Richter über den Menschen und in heiligem Ärger erklärt Er, daß Sein Volk Seine Herrschaft verlassen hat und sie voll sind mit Unflat und Missetat. Im Gegensatz dazu, wird Sein Diener Jesaja demütig, treu und vertrauenswürdig, inmitten dieser perversen Generation, erfunden. Gott enthüllt Sich deshalb in dieser erstaunlichen Offenbarung vor Jesaja und gießt Seine Gnade, Gunst und Salbung auf ihn aus. Laß uns einen Blick auf diese ehrfurchtgebietende Passage werfen:

Jesaja 6, 1 - 9 (Elberfelder)
Im Todesjahr des König Usija, da sah ich den Herrn sitzen
auf hohem und erhabenen Thron,
und die Säume seines Gewandes füllten den Tempel.
Serafim standen über ihm. Jeder von ihnen hatte sechs
Flügel: mit zweien bedeckte er sein Gesicht, mit zweien
bedeckte er seine Füße, und mit zweien flog er.
Und er rief dem andern zu und sprach: Heilig, heilig, heilig
ist der Herr der Heerscharen!
Die ganze Erde ist erfüllt mit seiner Herrlichkeit!
Da erbebten die Türpfosten in den Schwellen von der
Stimme des Rufenden,
und das Haus wurde mit Rauch erfüllt.
Da sprach ich: Wehe mir, denn ich bin verloren. Denn ein
Mann mit unreinen Lippen bin ich, und mitten in einem Volk
mit unreinen Lippen wohne ich. Denn meine Augen haben
den König, den Herrn der Heerscharen gesehen.
Da flog einer der Serafim zu mir,
und in seiner Hand war eine glühende Kohle,

die er mit einer Zange vom Altar genommen hatte.
Und er berührte damit meinen Mund und sprach:
Siehe, dies hat deine Lippen berührt;
so ist deine Schuld gewichen und deine Sünde gesühnt.
Und ich hörte die Stimme des Herrn, der sprach: Wen soll
ich senden, und wer wird für uns gehen?
Da sprach ich: Hier bin ich, sende mich!
Und er sprach: Geh hin und sprich zu diesem Volk:

Jesaja betrachtet den König der Herrlichkeit, den Herrn selbst, der auf dem Thron des Himmels und der Erde sitzt. Er sieht das Allerheiligste und das Feuer Gottes und Seine heiligen Engel. Die donnernde Stimme Gottes erschüttert die ganze Struktur des Tempels.

Die Offenbarung der Herrlichkeit und Heiligkeit Gottes, dem er diente, läßt ihn „bloß" zurück und er fühlt sich unzulänglich. Der sündige Zustand seines eigenen menschlichen Herzens wird aufgedeckt. Jesaja ist völlig aufgelöst durch die ehrfurchtgebietende, beängstigende Gegenwart des allmächtigen Königs. Diese Offenbarung Gottes verleiht seinem Herzen die respektvolle Furcht Gottes. Jesajas unmittelbare Reaktion ist Zerbrochenheit und Buße. Gottes Antwort auf Jesajas Schrei nach Gnade ist, einen feuertragenden Engel (Serafim) von seinem Thron zu senden. Mit feurigen Kohlen berührt der Engel Jesajas Lippen, um ihn von seinen Missetaten zu reinigen und die Worte seines Mundes zu läutern.

Dies ist ein Bild für das reinigende Werk Gottes im Herzen des Gläubigen, ein unumgänglicher Prozess im Leben jedes Gläubigen. Dies ist eine unvermeidbare Notwendigkeit bei der Vorbereitung des Gefäßes, welches Seine Herrlichkeit und Seine Botschaft in die Welt tragen wird.
Der Herr fragt dann: *„Wen soll ich senden, und wer wird für uns gehen?"* (Jesaja 6,8) Und Jesaja antwortet sofort: *„Hier bin ich, sende mich!"* Und der Herr sagt zu Jesaja: *„Geh hin*

und sprich zu diesem Volk.." Jesaja wird beauftragt das zu sagen, was der Herr ihm befiehlt auszusprechen. Jesus gibt uns diesen gleichen Missionsbefehl: *"Geht in alle Welt und predigt das Evangelium..."*

Das Feuer Gottes kommt auf Jesaja, genauso wie die Taufe mit Heiligem Geist und Feuer auf die Jünger am Pfingsttag kam und auch auf uns heute kommt. Mit diesem heiligen, reinigenden Feuer kommt eine Salbung der Kühnheit und eine Überführung, Gott mit ernsthaftem Gehorsam und einem inbrünstigem Herzen zu dienen. Jeremia beschreibt, wie es für Jesaja gewesen sein muß, als er sagte: *"... doch Sein Wort war in meinem Herzen als wäre ein brennendes Feuer in meinen Gebeinen eingeschlossen; Ich war müde es zurückzuhalten und ich konnte es nicht."* (Jeremia 20,9 wörtlich aus dem Englischen übersetzt) Er konnte nicht schweigen. Er mußte für Gott sprechen.

Wie Jesaja, müssen wir zum Himmel aufschauen, zum Thron Gottes und Seiner Herrlichkeit. Wenn wir Ihn suchen und in Seiner Gegenwart verweilen, werden wir gereinigt, geheiligt und vorbereitet, Gefäße Seiner Gegenwart, Seiner Kraft und Seiner Herrlichkeit zu sein. Gehorsam wird eine ganz natürliche Reaktion auf unseren liebenden himmlischen Vater sein. Unser Herz wird mit Seinem Herzen schlagen, um Seine Liebe und Seine Botschaft der Errettung in eine verzweifelte Welt zu bringen, welche eine Begegnung mit dem lebenden Gott braucht.

Aus dem Überfluß unserer Gemeinschaft mit Ihm wird die Salbung Gottes fließen, die Heilung zu den Nationen bringen wird. Du wirst wie Jesus sagen können:

Lukas 4, 18 - 19 (Schlachter)
Der Geist des Herrn ist auf mir,
weil er mich gesalbt hat,
den Armen frohe Botschaft zu verkünden;
er hat mich gesandt, zu heilen,
die zerbrochenen Herzens sind,
Gefangenen Befreiung zu verkünden
und den Blinden, daß sie wieder sehend werden,
Zerschlagene in Freiheit zu setzen,
um zu verkündigen das angenehme Jahr des Herrn.

Gesalbt mit dem Feuer des Heiligen Geistes!
Predige das Evangelium wohin du auch gehst, heile die Kranken, reinige die Aussätzigen, treibe Dämonen aus, wecke Tote auf und sei ein Kanal für die Segnungen Gottes, damit sie in das Erntefeld der Nationen fließen.

Kapitel 10

Ein persönliches Zeugnis

Ich möchte einige Höhepunkte meines Zeugnisses mitteilen, für diejenigen, die gar nichts über mich wissen. Es begann alles, während ich Missionaren zuhörte, die ihre Zeugnisse erzählten bei den Full Gospel Business Men's Breakfasts (Frühstückstreffen der Männer des vollen Evangeliums) in Johannesburg, Südafrika, meinem Geburtsort. Ich erinnere mich noch, wie spannend es war, als sie von ihren großen Taten auf dem Missionsfeld erzählten. Als kleiner Junge wurde mein Herz bewegt und ich wollte auch auf das Missionsfeld gehen und Gottes wunderbare Hand dort selbst erfahren. Der Herr überführte mein Herz während dieser Zeit und ich nahm Ihn als Herrn und Erretter am 30. August 1980, im Alter von 12 Jahren, in mein Leben auf. Uns so begann meine Reise mit dem Herrn und Seinem Heiligen Geist.

Als ich anfing mit der Person des Heiligen Geistes in Berührung zu kommen, begann Er Sein Werk in meinem Leben, das viel Veränderung in mein Leben hineinbrachte und einen Hunger nach Gott in meinem Herzen entfachte. Bald nachdem ich wiedergeboren war, nahm ich teil an einem Gebetstreffen der Full Gospel Church (Gemeinde des vollen Evangeliums) in Kempton Park, Südafrika. Ich erinnere mich noch, daß, als wir alle in der Gemeinde vorne standen und einmütig zusammen beteten, ich plötzlich umgefallen war und auf dem Boden lag. Überrascht stand ich schnell wieder auf, nur um mich sofort wieder auf dem Boden vorzufinden. Nachdem dies sechs oder sieben Mal passiert war, kam einer der Diakone zu mir herüber und half mir, mich auf eine der Kirchenbänke zu setzen. An diesem Abend hatte der Herr mich mit dem Heiligen Geist erfüllt und so begann eine neue Tiefe in meinen Wandel mit Ihm und ein Hunger war entfacht, Ihn noch mehr zu kennen.

Diese Sehnsucht nach mehr von Gott und Seiner Gegenwart trieb mich dazu, viele Stunden im Gebet und im Studium des Wortes Gottes zu verbringen. Während dieser Anfangsjahre legt Gott das in mich hinein, was meinen Weg für die Zukunft vorbereiten würde. In dem gleichen Zeitabschnitt meines Lebens hatte ich eine Begegnung mit Gott bei einer Reihe von Gottesdiensten mit Benny Hinn, in einer Gemeinde in dem Ort, wo ich lebte. Es war eine lebensverändernde Erfahrung mit dem Heiligen Geist. Nachdem er an diesem Abend gepredigt hatte, forderte Benny Hinn die Versammlung von 5000 Menschen auf, aufzustehen. Er betete und sagte „Berühre!" Der Heilige Geist warf uns alle zurück in unsere Sitze und wir zitterten unter der Kraft Gottes!

Ich brauche eigentlich nicht zu sagen, daß ich mich getrieben fühlte auf einen der Gebetsaufrufe zu reagieren, zu denen er aufforderte. Und ich erinnere mich noch daran, wie schwierig es war stehen zu bleiben, wegen der Gegenwart Gottes, als ich vorne in der Gemeinde stand. Eine überwältigende, übernatürliche Freude und Frieden erfüllten mich, die so erheiternd waren, daß ich mich fühlte, als ob ich jeden Moment explodieren könnte! Ich nahm ein Gefühl der Bestimmung auf meinem Leben wahr, Gott würde mich Sein Evangelium predigen lassen! Diese Berufung wurde bald bestätigt durch verschiedene Träume, die ich hatte und durch prophetische Worte von der Leiterschaft der Gemeinde. Dies war meine erste persönliche Erfahrung mit dem Heiligen Geist, die mein Leben am meisten beeinflußt hat.

Ich war 14 Jahre alt, als einer der Jugendleiter mich eingeladen hat zu kommen und in dem Gottesdienst seiner Jugendgruppe zu predigen. Mit viel Aufregung und Erwartung bereitete ich mich auf diese Gelegenheit im Gebet und im Wort Gottes vor. Während ich zu Gott betete: „Herr, gib mir einen Vorgeschmack darauf, wie es in der Zukunft sein wird." Ich hatte keine Ahnung, daß das was Gott für mich an diesem Abend tun würde ein sehr bedeutender Wegweiser sein würde; Einer, an dem ich mich festhalten würde in den vielen kommenden Jahren, ein Wegweiser an dem Hoffnung und Bestimmung festgebunden waren.

Als ich an diesem Abend dastand und predigte, fiel der Heilige Geist auf diese jungen Menschen in solch einer Art und Weise, daß ich wußte: Gott hatte mein Gebet beantwortet. Viele der Jugendlichen wurden plötzlich mit dem Heiligen Geist erfüllt und stolperten herum, als ob sie betrunken wären. Einige endeten sogar auf dem Boden, lachend und weinend. Wenn ich sie einfach nur berührte oder mit meiner Hand winkte, fielen sie hin. Ich fühlte die Gegenwart Gottes auf mir, gleich einer schweren Decke. An diesem Punkt des Gottesdienstes hörte ich den Herrn sagen: *„Wenn du diese Dinge wieder in deinem Leben geschehen siehst, wirst du wissen, daß deine Zeit der Freisetzung gekommen ist."*

Das Gefühl der Bestimmung stieg nocheinmal in meinem Herzen auf, als der Heilige Geist mich anrührte. Und doch folgte eine weitere Zeitspanne von 12 Jahren mit Prüfungen und Schwierigkeiten, bevor der Herr diese Salbung in meinem Dienst freisetzte, die Er versprochen hatte.

Als ich 15 Jahre alt war, hatte ich das Vorrecht in Südafrika an einer Zeltevangelisation von Reinhard Bonnke teilzunehmen. Ich sah übernatürliche Ereignisse, Zeichen und Wunder. Viele Menschen nahmen den Herrn Jesus Christus als ihren Erretter an. Die Medizinmänner kamen nach vorne und warfen ihre Werkzeuge der Zauberei vor den Herrn und sagten sich vom Teufel los. Es war erstaunlich, lebensverändernd und sehr herausfordernd - alles auf einmal! Als wir uns auf den hölzernen Bänken aus Brettern setzten, riefen sie von der Bühne aus zu einer Zeit des Gebets auf. Was nun folgte hat sich in mein Gedächtnis eingeprägt, als ob es gerade erst gestern passiert wäre...

Als ich betete, öffnete ich meine Augen, um nur einen kurzen Blick auf die Bühne zu werfen, wo die Kanzel stand. Als ich hinschaute, sah ich eine offene Vision vom Herrn, wie er auf Seinem Thron sitzt! Sie bedeckte den gesamten Bereich der Bühne und des Zeltes. Gott sprach zu mir, über den Herrn der Ernte, den Herrn Jesus und fragte mich, ob ich willig wäre Ihm in diese Erntefelder zu folgen!

Einige Nächte später träumte ich von einer Drei-Tage-Evangelisation im Freien, an welcher ich derjenige war der predigte! Dieser Traum war detailliert und sehr lebendig. Gott begann mir sehr deutlich zu machen, wozu ich berufen war zu tun. Ich war erst 15 Jahre alt, doch es brannte in meinem Herzen. Gott ist wahrlich der Herr unserer Gegenwart und unserer Zukunft!

Ungefähr 10 Jahre später im Mai 1993 sagte der Herr meiner Frau und mir, daß wir in die USA umziehen sollen und daß Er die Nationen für uns öffnen würde, damit wir die Vision erfüllen können, Sein Evangelium zu den Nationen zu bringen. Wir hatten auch eine prophetische Bestätigung darüber. Während dieser Zeitspanne verlieh der Herr mir das, was mich in die Erfüllung dessen hineinbringen würde, was Er für den Dienst, zu dem er mich berufen hatte, vorgesehen hatte.

Mit Familie und Freunden fuhren wir neun Stunden mit dem Auto, um in Louisiana, New Orleans an einer Woche von Erweckungsveranstaltungen teilzunehmen. Wir kamen verspätet zum ersten Gottesdienst und als wir das Gebäude betraten, waren da etwa 5000 Menschen, die daran teilnahmen. Während einem der Gottesdienste begann der Heilige Geist Menschen im ganzen Gebäude zu berühren. Viele waren betrunken vom Heiligen Geist, Hunderte waren auf dem Boden und zitterten unter der Kraft Gottes, wie ich es auch vor Jahren in dem Jugendgottesdienst in dieser Garage gesehen hatte.

Hungrig nach einer Zuteilung dieser gleichen Salbung und mit einer Sehnsucht nach mehr von Gott, erhob ich meine Hände und schrie zum Herrn, mich zu berühren und mein Leben zu verändern. Im gleichen Moment fühlte ich einen sanften Wind über mein Gesicht wehen. Als dies geschah, war es als ob mein Geist in mir hüpfte. Ich dachte mir: „Könnte dies der Wind des Heiligen Geistes sein? Ich schaute um mich und entdeckte, daß es weder offene Fenster gab, noch Ventilatoren, die auf mich ausgerichtet waren. Ich erhob meine Hände noch einmal und sagte: Wenn das du bist Herr, dann geh nicht an mir vorüber! Der sanfte Wind blies noch einmal über mein Gesicht und diesmal ging eine Elektrizität durch meinen gesamten Körper. Ich fiel auf den Boden, lachend und weinend zur gleichen Zeit und war völlig überwältigt. Ich lag über 2 Stunden auf dem Boden.

Als der Gottesdienst zu Ende ging, mussten die Ordner mich zu meinem Auto tragen. Meine Frau schaffte es, mir in das Hotelzimmer und ins Bett zu helfen. Ich brauche eigentlich nicht zu erwähnen, daß dies sich als lebensveränderndes Ereignis herausstellte. Es markierte den Anfang der Freisetzung von Gott, die Er mir vor Jahren versprochen hatte. Dies war eine Zuteilung der Salbung Gottes, die in einer wachsenden Art und Weise für meinen Dienst präsent war.

Zwei Monate später erhielt ich meine erste Einladung auf internationaler Ebene zu predigen. Seit dem Jahr 1994, in dem dies geschah, haben wir gesehen, wie sich Gott wunderbar bewegte, hungrige Herzen mit Seiner Liebe, Seiner heilenden, befreienden und errettenden Kraft berührte. Die Nationen sehnen sich nach einem Gott, der persönlich und doch machtvoll übernatürlich ist.

Eine Sache, die ich aus allen meinen Erfahrungen in meinem Wandel mit Gott über die Jahre hinweg sagen möchte, ist diese: **Gott ist hinter unseren Herzen her.** Er will alles von uns, unsere Körper, Seele und Geist. Er will das Zentrum unser Leben sein, wie auch das Universum sich um den Thron Gottes dreht, so müssen dies auch unsere Herzen und Leben. Er ist unser Alles in Allem. Er ist Heilig. Und wir werden wie Er werden, wenn wir Ihm alles hingeben. Er wird unsere Leben nehmen und sie wunderschön machen, wenn wir Ihm erlauben in unseren Herzen zu arbeiten. Bleibe belehrbar; denke nie, daß du angekommen bist, denn Gott widersteht den Stolzen. Er wird dir Seine Gnade, Seine Fähigkeiten und Seine Kraft geben, die in dir arbeiten, damit du Seine Werke vollenden kannst, die Er für dich vorbereitet hat. Dies wird er tun, wenn du in deinem Herzen demütig, zerbrochen und bußfertig bleibst.

Gott segne dich,

Vincent W. Skinner

Um Vincent Skinner direkt zu kontaktieren, besuche die Internetseiten:
www.worldrevivalministries.com
www.world-revival.com

Kontakt für Deutschland und deutschsprachige Länder:
e-mail: vincent.skinner@jesus-gemeinde.de
www.jesus-gemeinde.de